DRESSLER

Für meine Nichte Rahel Noemi

Dieses Buch wurde klimaneutral produziert. Dadurch fördern wir anerkannte Nachhaltigkeitsprojekte auf der ganzen Welt. Erfahre mehr über die Projekte, die wir unterstützen und begleite uns auf unserem Weg unter www.oetinger.de

Originalausgabe
1. Auflage
© 2021 Dressler Verlag GmbH,
Max-Brauer-Allee 34, 22765 Hamburg
Alle Rechte vorbehalten
© Text: Silas Matthes
© Illustrationen: Illustrationsbüro Müller-Wegner
© Umschlaggestaltung: Frauke Schneider
Satz: Arnold & Domnick, Leipzig
Druck und Bindung: GGP Media GmbH,
Karl-Marx-Straße 24, 07381 Pößneck, Deutschland
Printed 2021
ISBN 978-3-7513-0002-5

www.dressler-verlag.de

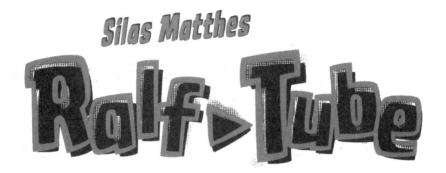

Silas Matthes
Ralf › Tube

Vom Lauch zur Legende

Mit Illustrationen vom
Illustrationsbüro Müller-Wegner

DRESSLER VERLAG · HAMBURG

Kapitel 1

Leute, das wird ein **riesen** Ding. Kein Witz.

Ihr habt echt Glück, ihr schaltet genau im richtigen Moment ein. Warum? Na ja, ich bin nur ein paar Sekunden davor, der berühmteste Junge der Welt zu werden.

Na gut, vielleicht nicht EIN PAAR SEKUNDEN ... aber so lange wird das nicht mehr dauern.

Na gut, und eigentlich habt ihr auch nicht eingeschaltet, ihr **lest** das hier ja. Ich hätte natürlich auch einfach ein Video machen können, aber ich hab mein Handy nicht hier. Meine Eltern meinten, ich soll mal draußen „spielen", ohne irgendwelches technisches Zeug.

Hallo, ich bin dreizehn Jahre alt, was soll denn das?

Jetzt hänge ich hier seit einer halben Stunde im Garten rum, laufe hin und her und trete ab und zu einen Tannenzapfen durch die Gegend.

Wenn mein bester Kumpel Momo hier wäre, wär das natürlich was anderes, aber so? MEGALANGWEILIG.

Deswegen habe ich einfach mal mit diesem Tagebuch angefangen. Schadet ja bestimmt nicht, wenn ich meinen MASTERPLAN!, auch aufschreibe. Das Tagebuch ist eigentlich ein Notizbuch und mein Dad hat es hier draußen liegen, damit er auf den Schwarmsteiner Kanal gucken und nachdenken und sich wichtige Ideen aufschreiben kann. Aber irgendwie hat mein Dad anscheinend nicht so viele wichtige Ideen, weil bis eben war es noch leer.

Jetzt gucke ich also gerade auf den Schwarmsteiner Kanal, der fließt ein Mal quer durch Bad Neu Schwarmstein. Das ist die Stadt, in der ich wohne. Ihr könntet euch hier in ein Kanu setzen und müsstet nicht mal viel paddeln und schon wärt ihr am anderen Ende. Gut, da ist die Schule, also müsst ihr wissen.

Aber man könnte sagen: Das Wasser läuft genauso, wie es bei mir bald LAUFEN wird. Tadaaa, Frau Schweppers, das war ganz vorbildlich bildlich gesprochen.

BILDLICHE SPRACHE – so was machen wir nämlich im Deutschunterricht bei Frau Schweppers. Interessiert mich doch nicht, ob irgendein Vogel namens Goethe mit dem „nassen Blick" jemanden meint, der weint wie ein Schlosshund, oder jemanden, der schwitzt wie ein Schwein. „Das ist nun einmal POESIE", sagt Frau Schweppers dann und schielt mit wichtiger Miene unter ihrer Lesebrille hervor, während ich einen nassen Blick im Gesicht habe, weil ich die Hausaufgaben vergessen habe und sie die heute einsammeln will.

Das mit dem Kanal ist aber eben nicht nur bildlich gesprochen, das ist ja das Tolle. Überlegt mal! Was für ein Kanal ist viel cooler als der Schwarmsteiner Kanal? Ach, ich sag's euch einfach. Einer ganz ohne Wasser, und zwar ... haltet euch fest, weil bei mir rast das Herz wie ein Presslufthammer und meine Hände zittern unnormal ... DER ERSTE YOUTUBE-KANAL VON RALF MOORMANN.

Ralf Moormann bin übrigens ich, für die Ottos unter uns.

Aber Leute, lasst euch das mal auf der Zunge zergehen:
Mein erster Youtube-Kanal!

Falls ihr euch jetzt fragt, warum ich das abfeier, dann habt ihr echt das falsche Buch in der Hand.
Aber ich erklär es euch trotzdem. Wenn ich, Ralf Moormann, meinen Youtube-Channel eröffne, wird genau Folgendes in genau folgender Reihenfolge passieren:

1. Mein erstes Video schlägt ein wie ein Meteorit. Plötzlich kennen die Leute an meiner Schule mich. Plötzlich guckt man sich nach mir um. Und (!): Niemand drängelt sich am Bus immer DIREKT vor mich!

2. Mein zweites Video lässt dann alle komplett ausrasten. In der Schule applaudiert man jetzt, wenn ich vorbeigehe.

3. Nach dem dritten Video wollen die großen Firmen mit mir Werbung machen. Adidas, Hugo Boss, Apple, Pineapple ... BA DUM TSS! Alle sind sie dabei. Ich sag allen ab, ich habe Werbung nicht nötig. Die Leute werfen mich auch so mit Geld voll.

4. Ich kaufe mir eine Villa in Los Angeles.

5. Ich merke, dass ich leider noch ein paar Klassenarbeiten schreiben muss, bevor ich in meine Villa in Los Angeles reisen kann, und kaufe mir eine Villa in Bad Neu Schwarmstein.

6. Ich merke, dass es keine Villen in Bad Neu Schwarmstein gibt und dass der Immobilienmakler mich reingelegt hat.

7. Ich baue mir eine Villa in Bad Neu Schwarmstein. Schließlich habe ich das Geld. Und meine Berühmtheit wird immer größer.

8. Ich kaufe den schönsten Ehering der Welt.

9. Ich gehe zu dem schönsten Mädchen der Welt. Die heißt Mia und wohnt drei Straßen weiter.

10. Ich heirate Mia.

Gut, das mit dem Heiraten ist natürlich nicht ernst gemeint. Ich weiß, dass man das erst mit 18 kann, ich bin ja nicht dumm. Aber mir würd's echt reichen, wenn sie meine Freundin wird, ich bin da eigentlich ganz bescheiden. Für den Anfang könnte sie mich auch mal beachten, das wäre schon mal was.

Also, ich bin schon normal beliebt, nicht dass ihr da jetzt was Falsches denkt. Die kleine Schwester von meinem besten Kumpel Momo ist zum Beispiel voll verliebt in mich. Aber für so eine wie Mia muss man nun mal SUPERBELIEBT und SUPERCOOL sein, damit sie einen beachtet. Und das hat bislang bei mir noch nicht so geklappt. Aber ist ja überhaupt gar nicht mehr schlimm: Ich habe ja meinen MASTERPLAN!

Also lehnt euch zurück, lasst das Popcorn knallen, holt die Limo aus dem Kühlschrank oder springt vor Freude in den Schwarmsteiner Kanal, mir echt egal ey. Macht euch einfach bereit, das hier ist mein Leben, das hier ist mein Traum, das hier ist

RALF₁TUBE!

Kapitel 2

Heute war Momo bei mir. Er hatte einen Anzug an.

„Moin, ich bin Ralf", habe ich ziemlich cool gesagt, als ich ihm die Tür aufgemacht habe.

Momo hat nur die Augen zusammengekniffen und mich angeguckt, als hätte ich gesagt, ich heiße Lurchi Lurchenstein. Okay, Ralf ist jetzt auch nicht sooo der coolste Name. Ralfs sind nämlich normalerweise nur so

Opas. Aber ich finde, es geht auch noch viel schlimmer, oder was meint ihr?

„Moin, ich bin Ralf", habe ich also auf jeden Fall zu Momo gesagt, und nachdem er mich angeguckt hatte, als hätte ich mich als Lurchi Lurchenstein vorgestellt, hat er gefragt:

„Bist du dumm? Das weiß ich."

„Mann, ist für den Kanal", habe ich gesagt. „Ich brauche einen Begrüßungsspruch. Das hat jeder Youtuber."

„Aaaaaaaaah", hat Momo da gemacht und angefangen zu grinsen. Momo hat ein Grinsen, das ist so breit wie drei Türsteher, ehrlich. Das hat mich beim ersten Mal irgendwie überrascht, weil Momo sonst immer ganz schön grimmig aussieht. Mich stört das nicht – ich weiß ja jetzt, dass er einfach nur so guckt. Und das hat auch Vorteile. Momo ist groß, ein bisschen dick und Türke und guckt echt grimmig – ja glaubt ihr, da hat sich schon mal IRGENDJEMAND mit uns angelegt?

Dabei hat Momo sogar Angst vor SPINNEN. Aber das weiß ja sonst keiner. Also psssst!

Also, eigentlich sind seine Eltern aus der Türkei, er ist hier geboren, aber ihr wisst ja, was ich meine.

„Okay, lass uns gleich anfangen!", hat Momo aufgeregt gerufen und ist an mir vorbei auf die Couch zugestürmt. Dann ist er wieder von der Couch weggestürmt, weil eine Spinne darauf saß, und hat sich stattdessen in den Sessel gegenüber gesetzt. Er strich sich das Hemd glatt: „Wie findest du meinen Anzug?"

„Mega", hab ich gesagt. Der Anzug war ihm natürlich viel zu groß, weil er ihn von seinem Vater hatte, aber das machte ja nichts. Anzug ist Anzug.

Wenn ihr euch jetzt wundert, was Momo mit meinem Kanal zu tun hat und warum er einen Anzug trägt – ganz einfach, er ist mein MANAGER.

Momo kümmert sich um alles drumherum. Er macht die Werbung, regelt die Finanzen und so. Und, glaubt mir, da wird es bald sehr viel zu regeln geben.

Momo kriegt dann die Hälfte von dem Geld, das ich verdiene. Eigentlich könnte er auch mehr bekommen, ich werde die ganze Kohle ja eh bald nicht mehr zählen können. Aber auch wenn wir beide keine Einser-Kandidaten in Mathe sind, klingt 50/50 fair.

Momo will mit dem Geld, das wir verdienen, seiner Oma eine Reise in die Türkei schenken. Seine Oma ist SUPERALT und wünscht sich das voll. Okay, manchmal denkt sie jetzt schon, dass sie in der Türkei wäre, weil ihr Kopf alles durcheinanderbringt. Dann schimpft sie mit Momo, dass er so dick geworden ist, weil sie denkt, Momo wäre ihr Mann. Wenn sie dann checkt, dass sie nicht in der Türkei, sondern in Bad Neu Schwarmstein und Momo ihr Enkel ist, dann tut's ihr total leid und sie knuddelt ihn erst mal. Momos Oma muss man einfach lieb haben, ehrlich.

Ich fühl mich fast ein bisschen blöd, weil ich mit meinem Geld nur eine Villa bauen will. Aber ich habe halt keine Opas und Omas mehr, weil meine Eltern schon ganz schön alt waren, als sie mich bekommen haben. Ich finde das nicht schlimm. Nur meine Mutter findet es schlimm, wenn sie mit mir einkaufen ist und für meine Oma gehalten wird.

Merke: Wenn du deine Mutter dann noch an der Kasse aus Spaß Omi nennst, kauft sie dir das Comicheft doch nicht. Lieber nicht machen.

Na ja, wenn meine Mutter eine Reise haben möchte, kann ich ihr ja dann auch eine bezahlen. Ich darf dabei nur nicht sagen: „Momo hat seiner Oma auch eine geschenkt." Dann denkt meine Mutter bestimmt, ich will sie wieder mit der Oma-Sache ärgern. Und auch wenn ich mir die Comichefte dann selber kaufen kann, wäre das irgendwie blöd.

Ich hab mich also zu Momo ins Wohnzimmer gesetzt und wir haben angefangen, uns meinen Begrüßungsspruch zu überlegen.

Das waren unsere Ideen:

Von Ralf: „Moin, ich bin Ralf!"

Von Momo: „Heeeeeeeeey Leute, wie geht's euch? Hier ist wieder euer Ralfi!"

Von Ralf: „Moin Leute. Ich bin Ralf und nennt mich niemals Ralfi."

Von Momo: „Heeeeeeeeey Leute, hier ist wieder euer Ralfinator!"

Von Ralf: „Moinsen, ihr Schlingel, Ralf am Start."

Von Momo: „Hey Friends, Ralf hier."

Von Ralf: „Grüß Gott, aber ihr könnt mich Ralf nennen."

Von Momo: „Yallo, ich bin Ralfomon der Weise."

Von Ralf: „Hallo, ich bin Ralf und mein Manager hat nur komische Ideen."

Von Momo: „Yalla, yalla, ich bin Ralf und habe keine Ahnung."

Von Ralf: „Hi, ich bin Ralf und habe gerade meinen Manager gefeuert."

Von Momo: „Tag Leute, hier spricht Momo. Leider kann Ralf nicht auf dem Kanal erscheinen, weil das Management sich von ihm getrennt hat. Er hat nämlich das Kleingedruckte nicht gelesen. Deswegen herzlich willkommen bei MomoTube."

Von Ralf: „Ernsthaft? Könntest du mich echt rausschmeißen?"

Von Momo: „Ralf, wir haben doch gar keinen Vertrag."

Von Ralf: „Oh. Stimmt."

Wir haben noch ganz schön lange weiterdiskutiert. Am Ende haben wir uns für „Moin, ich bin Ralf" entschieden. Das klang dann irgendwie doch am besten, fanden wir beide.

Kapitel 3

So ein Mist! Ihr könnt euch nicht vorstellen, wie NERVÖS ich gerade bin. Das liegt an mehreren Sachen:

1. Mia sitzt zwei Reihen vor mir im Bus.

2. Ich habe heute erfahren, dass Julian aus meiner Klasse auch einen Youtube-Channel aufmachen möchte.

3. Mia sitzt zwei Reihen vor mir im Bus.

4. Leute, wisst ihr noch, was ich über die SUPERBELIEBTEN und SUPERCOOLEN gesagt habe? Ja, Julian ist genau so einer. Jedenfalls finden das alle. Ich natürlich nicht. Aber einen härteren Konkurrenten hätten wir echt nicht kriegen können! Mist, Mistgabel, Misthaufen!

5. Mia sitzt zwei Reihen vor mir im Bus.

Das mit dem Youtube-Kanal hat Julian heute im Sportunterricht verkündet. Im Sportunterricht ist der voll in seinem Element. Ich nicht so. Also, versteht mich nicht falsch, ich bin zum Beispiel supergut in Badminton und Tischkicker. Aber Tischkicker macht man im Sportunterricht nicht und Badminton wünscht sich nie einer außer mir. Nicht mal Momo, wenn ich ihn um Unterstützung bitte.

Er sagt dann immer: „Ralf, du bist mein bester Kumpel, aber Fußball ist Fußball." Dann reiht er sich bei den anderen Jungs ein, die schon mit einem „Fußball-Fußball-Fußball"-Sprechchor angefangen haben. Meistens spielen wir dann Fußball.

Na, auf jeden Fall ist deswegen Julian in Sport immer voll in seinem Element. Aber nicht, weil er ein so guter Fußballer ist. Ich habe da mal drauf geachtet, auf der Bank hat man genug Zeit, um so was zu studieren:

Er ist nicht schlecht, aber eigentlich vor allem sehr laut. Und irgendwie schafft er es immer, mit Kevin Warcek in einem Team zu sein und wer mit Kevin Warcek im Team ist, gewinnt.

In der Getränkepause hat Julian dann die GROSSE BOMBE platzen lassen:

„Leute, ihr glaubt nicht, was bei mir bald alles abgehen wird! Ich hab die geilste Idee überhaupt: Ich mach 'nen Youtube-Kanal auf!"

Da haben erst mal alle gestaunt und gemeint, was das für 'ne geile Idee wäre. Nur Momo und ich haben natürlich einen Alarmglocken-Blick ausgetauscht.

„Ja, wird voll nice der Channel! Wir machen krasse Action-Challenges und Sportvideos! Das wird mega durch die Decke gehen! Unser Kanal wird JulianHero heißen! Also merkt euch den Namen!"

Na, immerhin will er ihn nicht JUTUBE nennen.

Nach dem Sportunterricht war ich wegen Julians Ansage dann voll in Gedanken. Das könnte halt echt 'ne krasse Gefahr für meinen MASTERPLAN und mein unendliches Glück mit Mia sein.

Sogar in der nächsten Unterrichtsstunde war ich noch so damit beschäftigt, dass ich Frau Schweppers erst bemerkte, als sie direkt vor mir stand. Wie dumm! Das erklärte dann natürlich auch, warum Momo mir gerade

unter dem Tisch immer wieder aufs Knie gehauen hatte, als hätte er einen epileptischen Anfall.

„Na, Herr Moormann", sagte Frau Schweppers und zog die Augenbrauen bis über ihre ganze Stirn nach oben. „Wollen Sie heute lieber nicht am Unterricht teilnehmen?"

„Ähm", sagte ich. „Wenn Sie so nett fragen, Frau Schweppers, heute lieber nicht."

Jetzt lachte natürlich die ganze Klasse. Außer Frau Schweppers. Die lief MEGAROT an. Ich machte mir schon Sorgen, die platzt gleich. Dann fauchte sie etwas von „Autorität" und „Verwahrlosung" und dampfte wieder zur Tafel ab.

Nach der Stunde rief sie mich dann zu sich und brummte mir eine richtig dicke Extraaufgabe auf.

Also eigentlich sollte ich hier auf der Busfahrt gerade einen Aufsatz über „Respekt gegenüber mir und anderen" schreiben, aber stattdessen kritzel ich lieber in diesem Tagebuch rum und schiele manchmal zu Mias rotem Haarschopf rüber. Wie soll man sich da auch konzentrieren?

Das Problem ist nur, dass ich nachher natürlich auch keine Zeit für den Aufsatz

Oh, das war ein Schlagloch ...

habe, weil wenn ihr aufgepasst habt: Julian könnte jeden Moment sein erstes Video hochladen und **unseren** Ruhm klauen!

Wenn ich nur daran denke, werde ich schon wieder ganz zittrig.

Momo kommt später vorbei und dann MUSS es aber losgehen mit unseren Master-Videos!!!

Kapitel 4

Boah. Ich habe nicht gedacht, dass es so kompliziert ist, einen Youtube-Kanal aufzumachen.

Na ja, eigentlich wäre es überhaupt nicht kompliziert. Man müsste sich da anmelden und irgendein Video hochladen, aaaaber:

1. Wir wollen ja nicht IRGENDEIN Video hochladen, sondern ein Alle-lieben-Ralf-und-seinen-Kanal-Video. Immerhin müssen wir jetzt auch noch JulianHero überflügeln.

2. Wir wohnen in Bad Neu Schwarmstein, bei uns fällt manchmal das Internet aus.

3. Momo hat meiner Mutter freudestrahlend erzählt, dass ich jetzt Youtube-Star werde. Die hat aber irgendwie nicht zurückgestrahlt.

Deswegen haben meine Eltern eine SITZUNG abgehalten. Und mit Sitzung meine ich keine Sitzung aufm Klo, sondern sie haben sich zusammen an den Küchentisch gesetzt und besprochen, wie sie das denn finden, einen zukünftigen Star im Haus zu haben. Na ja ... und ob sie mir das ERLAUBEN wollen.

Ich bin die ganze Zeit im Flur auf und ab gelaufen, weil ich natürlich nicht dabei sein durfte, und war mega-

aufgeregt. Die haben sich ewig besprochen. Und als ich schon dachte, jetzt habe ich so lange gewartet, dass ich mal 'ne Sitzung abhalten muss, kamen sie aus der Tür und lächelten mich zufrieden an.

Das war ja erst mal ein gutes Zeichen ... dachte ich.

Als sie mir dann ihren Plan erklärt haben, war ich mir nicht mehr ganz so sicher.

Also, sie meinten, ich bin ja schon dreizehn, ab da darf man offiziell Sachen bei Youtube reinstellen. Aber sie meinten, ich bin halt trotzdem erst dreizehn und da wollen sie mich nicht völlig allein loslegen lassen.

Deswegen soll meine Tante Birgit bei uns mitmachen.

Ja, toll, denkt ihr jetzt wahrscheinlich. Jetzt macht die lahme Tante da mit und versaut den ganzen MASTERPLAN!

Und natürlich habe ich auch erst mal „Ja, toll" gesagt und meine Eltern wütend angeguckt.

Aber lahm ist meine Tante Birgit ganz sicher nicht.

„Springt rein, Jungs!", schrie sie uns entgegen, als sie ihr Taxi mit quietschenden Reifen neben Momo und mir am Gehweg anhielt. „Ralf, deine Eltern haben mir alles erzählt. Ich bin begeistert! Ich bring euch ganz groß raus!"

Momo und ich sprangen rein und schnallten uns an. Dabei guckten wir etwas verwirrt auf den Mann, neben den wir uns auf die Rückbank quetschen mussten. Der guckte genauso verwirrt zurück und dann nach vorne zu Birgit.

„Ist das wirklich der schnellste Weg zum Flughafen?", fragte er.

„Jajajajajajaja." Birgit legte den Rückwärtsgang ein und wendete mitten auf der Straße. „Machen Sie sich da mal gar keine Sorgen, Herr Zhū. Bei mir hat noch kein Kunde einen Termin verpasst."

Das war zwar glatt gelogen, aber ich hielt mal lieber meinen Mund.

Ihr müsst dazu wissen, Birgit ist nicht so ganz wie die meisten Tanten. Sie ist irgendwie immer überall und nirgends. Eigentlich wollte Birgit mal Filme fürs Kino machen. Sie ist auch auf eine Schule dafür gegangen und hat

Drehbücher geschrieben und so. Aber das mit dem Kinofilm hat nicht geklappt. Um Geld zu verdienen, ist sie dann Taxifahrerin geworden. Aber ich glaube, sie denkt sich im Kopf immer noch Filme aus, deswegen ist sie so verplant.

„Wirklich Jungs, ich bin super aufgeregt. Das wird ein ganz großes Ding", hat Birgit dann weitergeredet, während wir mit dem Taxi losrasten. „Mohammed, Schatz, ich glaube dein Anzug ist ein bisschen zu groß."

Herr Zhū räusperte sich, als wir eine Ampel bei Dunkelgelb überquerten.

„Anzug ist Anzug", sagte ich.

Außerdem war das komisch, wenn Birgit so etwas sagte, weil Birgits Klamotten auch meistens zu groß waren, weil sie die von ihrer Tochter Doris klaute. Birgit sieht deswegen auch viel jünger aus, als sie eigentlich ist, nur im Gesicht halt nicht.

„Stimmt auch wieder. Anzug ist Anzug", sagte Birgit und nickte. „Also, der Kanal. Ich habe mir vorgestellt, dass wir dich als so eine Art Kumpel-Typ inszenieren könnten, Ralf. Aber natürlich nicht zu doll. So etwas zwischen lässig und seriös. Ich glaube, das kommt super an."

Ich guckte verwirrt auf ihren blaugefärbten Strubbelhaar-Hinterkopf. Mir ging gerade alles ein bisschen zu schnell.

Da räusperte sich auch Momo und richtete sich im Rücksitz auf. Er sprach extra tief und guckte sehr wichtig: „Äh, Birgit. Also, ich bin Ralfs Manager, das weißt du, oder?"

„Jajajajajaja", hat Birgit gesagt und ein Auto angehupt, auf dem FAHRSCHULE stand. „Das kannst du ja sein. Ich bin ja nicht euer Manager. Ich bin euer Global Chief Creative Officer."

„Unser was?", fragten Momo und ich.

„Euer Global Chief Creative Officer."

„Unser waaaaaaaaaaas?", fragten Momo, ich und Herr Zhū.

„ICH ACHTE DRAUF, DASS IHR KEINEN MIST VERZAPFT, DER EUCH SPÄTER MAL PEINLICH IST!"

„Aaaaaaaaaaaah", machten Momo, ich und Herr Zhū.

Der rannte dann eine halbe Stunde später aus dem Taxi. Keine Ahnung, ob er seinen Flug noch bekommen hat oder nicht.

Birgit fuhr mit uns zusammen in ihre Bude. Sie machte jedem von uns ein Malzbier auf und wir setzten uns in ihre Sitzecke. Ihre Sitzecke ist so voll auf positives Schaka-Schaka gemacht. Mit Teppichen, Räucherstäbchen und Sitzsäcken, die immer mega rascheln, wenn man sich nur einen Millimeter bewegt, weil da Reis oder so drin ist.

„Also Jungs", sagte Birgit und prostete uns mit ihrem Malzbier zu. „Was habt ihr euch denn überlegt?"

Nach der Frage waren Momo und ich kurz still.

„Wie genau meinst du jetzt überlegt?", fragte ich Birgit.

„Na, was für Ideen für die Videos habt ihr bisher genau?"

„Na ja", sagte Momo. „Ralf wird halt Youtube-Star."

„Und mit was für Videos?"

„Mit mega Videos!"

„Und was genau ist da drin?"

„Ralf!"

„Ja, Jungs." Birgit kniff die Lippen zusammen und zog die Augenbrauen hoch. „Wir müssen uns da mal unterhalten."

Kapitel 5

Also, Birgit sagt, man muss mit einer Strategie an die Sache gehen. Ein Thema haben. Dann hat sie noch ganz viel über „kreative Visionen" und „Athletik" oder so ähnlich geredet. Ich hab das meiste eh nicht verstanden.

Aber ich glaube, Birgit meint: Man kann nicht HEUTE DIES und MORGEN DAS machen. Meine Millionen Zuschauer und Zuschauerinnen müssen in etwa schon vorher wissen, was sie von mir bekommen.

Deshalb hat Birgit Momo und mich zum BRAINSTORMING geschickt. Brainstorming heißt übersetzt Gehirnsturm und das hat gepasst, weil als Momo und ich uns zusammen hingesetzt haben, war mein Kopf erst mal wie leergepustet. Ich hatte echt gar keine Ideen. Momo auch nicht.

Wir saßen also eine ganze Weile einfach nur da und hörten Birgit zu, wie sie in der Küche rumklapperte. Ich war irgendwie echt ein bisschen sauer auf sie, weil sie jetzt alles so kompliziert machte.

„Wir könnten heimlich Birgit filmen und deinen Kanal Meine Tante nervt nennen", flüsterte Momo und wir lachten sofort los.

Das war dann irgendwie der Startschuss. Natürlich nennen wir meinen Kanal nicht Meine Tante nervt, aber nach Momos blödem Witz purzelten die Einfälle nur so aus uns heraus. Als hätten die sich alle hinter einer Ecke versteckt und würden jetzt wild brüllend auf uns zurennen. Das waren unsere Ideen:

1. Wir machen so einen NATUR-CHANNEL wie „Brave Wilderness". Da lässt sich Coyote Peterson immer von irgendwelchen supergiftigen Insekten stechen und schreit rum.
Wir könnten „Brave Bad Neu Schwarmstein" machen und uns von Wespen oder Hornissen stechen lassen.

Abgelehnt, weil: Keiner von uns beiden hat Bock, sich freiwillig von irgendwas stechen zu lassen.

2. Wir machen einen GAMING-CHANNEL.

Abgelehnt, weil: Wir sind megaschlecht im Zocken. Das Einzige, was wir in Fortnite können, sind die Tänze.

3. Wir machen einen SPORT-CHANNEL.

Abgelehnt, weil: Habt ihr nicht aufgepasst, wie schlecht ich in Fußball und so was bin? Und ich glaube, niemanden interessieren Videos, wie man am besten die Bank wärmt, oder?

4. Wir machen einen KRITIKER-CHANNEL, wo wir andere Youtuber kritisieren, weil sie ihre Fans verarschen und so.

Abgelehnt, weil: Für so einen Kanal muss man megagute ARGUMENTE raushauen können und im Notfall voll aggressiv DISKUTIEREN. Momo und ich verlieren aber sogar die Diskussion gegen Momos kleine Schwester Nesrin, wenn es ums Fernsehprogramm geht. Also wären wir wahrscheinlich als Kritiker ziemlich kritisch schlecht.

5. Wir werden PRODUKTTESTER.

Abgelehnt, weil: Taschengeld ist diesen Monat schon alle.

6. Wir machen einen KOCH-UND-BACK-CHANNEL.

Abgelehnt, weil: Ich habe meiner Mutter zu ihrem letzten Geburtstag ganz alleine einen Kuchen gebacken. Danach hatte sie drei Tage Magenkrämpfe. Sie schwört mir bis heute, dass der Kuchen SUPERLECKER war. Nur ist ihr Lächeln dabei irgendwie immer ganz schön verkrampft.

7. Wir machen einen CHANNEL ÜBER FILME UND BÜCHER.

Abgelehnt, weil: Wenn ich einen Film gucke, finde ich den halt gut oder schlecht. Keinen Plan, was man da dann zehn Minuten in einem Video drüber reden soll.

8. Wir machen einen PRANK-CHANNEL.

Abgelehnt, weil: Da hat Birgit sich eingemischt, das fand sie irgendwie doof.

9. Wir machen einen GARTENPFLEGE-CHANNEL.

Abgelehnt, weil: Mir ist sogar mal ein Kaktus vertrocknet.

10. Wir machen einen MUSIK-CHANNEL.

Abgelehnt, weil: Das einzige Instrument, das ich habe, ist eine alte Blockflöte auf dem Dachboden. Und da sollte sie auch bleiben, glaubt mir einfach.

Wir haben dann irgendwann ein bisschen frustriert aufgehört. Weil was nützt dir das schon, wenn du viele Ideen hast, die aber alle nicht gehen?

Da kam Birgit dazu und hat vorgeschlagen, wir könnten doch einen HAUSAUFGABEN-HILFE-KANAL machen.

Erst fanden wir die Idee dämlich. Das mit den mega Videos hatte Birgit wohl noch nicht so ganz verstanden. Ich konnte mir jedenfalls nicht vorstellen, wie ich mit dem Erklären von Hausaufgaben eine Chance gegen JulianHero haben sollte.

„Aber schau doch mal, Ralf. Es geht doch erst mal um einen USP", meinte Birgit.

„Gesundheit", meinte Momo.

„Nein, nein, Momo, das ist eine Abkürzung", erklärte Birgit. „Das bedeutet, dass Ralf sich von der Masse abheben muss, versteht ihr?"

„Nö", meinten wir.

„Na ja, wie viele Leute mit einem Hausaufgaben-Hilfe-Kanal kennt ihr?", fragte Birgit.

„Na, keinen."

„Na, eben."

„HÄ?!"

„Seht es mal so", meinte Birgit. „Ihr müsst ja etwas machen, das noch niemand so gemacht hat wie ihr. Und so junge Leute mit einem Hausaufgaben-Hilfe-Kanal, das gibt es bestimmt noch nicht. Das ist doch superfrisch."

Okay, Birgit kannte sich natürlich besser aus mit solchen Sachen als wir. Aber Hausaufgaben - wirklich? Ich meine, es sollte doch richtig abgehen.

„Deine Eltern finden es bestimmt auch besser, wenn wir erst mal mit so was anfangen, Ralf", schob Birgit noch hinterher.

Pff. Ich verschränkte die Arme. War mir doch egal, wie meine Eltern das fanden. Wobei ... so egal war das ja irgendwie doch nicht, weil sie mir das Ganze auch immer noch erlauben mussten ... und ganz ehrlich, ich würde es schon gut finden, wenn ich Hilfe bei meinen Hausaufgaben hätte, weil die manchmal echt kompliziert sind. Ich habe in Mathe und Bio und Physik eine 2 und Momo hat in Deutsch und Englisch und Geschichte und solchen Fächern nur 2en und 3en. So könnten wir uns das voll gut aufteilen, weil wir für jedes Fach einen Experten haben.

Und na ja, das mit meinen Eltern war halt schon ein Argument von Birgit. Irgendwie ein fieses Argument, aber es stimmte halt. Außerdem wollte ich endlich mit dem Drehen anfangen und ganz viele Viewer und Likes sammeln, alles andere würde sich schon ergeben.

Momo war immer noch ganz schön skeptisch, aber Birgit machte uns das nächste Malzbier auf und fing an, über die unendlichen Möglichkeiten eines Hausaufgaben-Hilfe-Kanals zu reden. Sie hörte nicht auf zu reden, bis Momo irgendwann rief: „Okay, ich bin dabei!"

Morgen gleich nach der Schule geht es also endlich los mit dem ersten Video!

Kapitel 6

Es ist im Kasten!

Ja, wirklich! Ihr habt jetzt vielleicht gedacht, es kommt schon wieder irgendwas dazwischen oder ich kriege kalte Füße, aber nichts da!

Unser erstes Youtube-Video ist gedreht, Birgit hat es abgesegnet und jetzt sitze ich hier in meinem Zimmer, muss nur noch auf die Maus drücken und es ist online.

Gut, kalte Füße habe ich trotzdem. Ja, wenn ich ehrlich bin, sind das richtige Eisklumpen. Ich hab halt Angst, dass meine Zuschauerinnen und Zuschauer das Video vielleicht doch nicht mögen. Stellt euch vor, ich kriege voll viele Dislikes ... Aber das wäre ja total gegen meinen MASTERPLAN, also muss es ihnen gefallen! Befehl von ganz oben!

Heute Vormittag in der Schule konnte ich es gar nicht erwarten, dass endlich Schluss ist. Gut, das ist sonst auch so, aber diesmal extra doll.

Ich saß echt im Unterricht, hab auf die Uhr geguckt und die Sekunden gezählt. Als unser Mathelehrer, Herr

Bolzen, mich dann plötzlich einfach drangenommen hat, war ich gerade bei 1456.

Da ich keine Ahnung hatte, was Herr Bolzen mich gefragt hatte, habe ich dann als Antwort auch einfach 1456 gesagt. Das war falsch, die richtige Antwort war 3.

Die Klasse fand das lustig, Herr Bolzen nicht so. Na ja, immerhin ist es mir nicht wieder bei Frau Schweppers passiert. Herr Bolzen hat mir auch nach der Stunde keine Extraaufgabe aufgebrummt. Von daher bin ich ganz gut aus der Nummer (höhö) rausgekommen.

In der Pause gab es dann gleich drei Sachen, die mich ziemlich geärgert haben:

1. *HRMJA ...* Ich habe versucht, Mia zu grüßen, als sie auf dem Gang an mir vorbeikam, aber sie hat mich nicht zurückgegrüßt. Gut, das könnte natürlich daran liegen, dass ich versucht habe, „Hey Mia" zu sagen, aber nur so etwas wie „HRMJA" rauskam. Wahrscheinlich dachte sie, ich habe mich einfach nur verschluckt oder so. Geärgert hat es mich trotzdem.

2. *Julian Hero* Ich habe mich dann in der Pausenhalle unauffällig in die Nähe von Julian gestellt, um rauszufinden, wie es mit seinem Youtube-Channel läuft. Es war wirklich unauffällig, weil ich mich gar nicht so nah an Julian dranstellen musste. Falls ihr euch erinnert: Julian redet sehr laut.

„Wir haben gestern so einen geilen Scheiß gedreht! Das könnt ihr euch nicht vorstellen! Unser erstes Video wird komplett ganz Youtube zerstören, ich schwör's euch!", hat Julian gerade geschrien.

„Echt? Was passiert denn alles in dem Video?", hat sein Kumpel Sven gefragt.

„Tja, das müsst ihr schon selbst herausfinden!", hat Julian geschrien und so getan, als ob er eine Sonnenbrille aufsetzt. „Wir schneiden es heute zusammen und abends um sieben findet ihr die Antwort dann auf meinem Kanal JulianHero! Das wird so geil!"

Und als wäre das alles noch nicht genug, habe ich dann ein paar Minuten vorm Schluss der Pause gemerkt, dass ich die Extraaufgabe für Frau Schweppers TOTAL VERGESSEN hatte.

Ich bin schnell zu Momo gerannt, der draußen Fußball gespielt hat, hab zwei Minuten mitgespielt und so getan, als ob ich mir den Fuß verdreht hätte. Momo wusste natürlich sofort Bescheid, hat mitgemacht und mich ins Krankenzimmer gebracht. Die ganze Klasse kennt meine Fußball-Skills. Wahrscheinlich hat mich keiner von denen bei Frau Schweppers verpfiffen, weil die mir das alle sofort abgekauft haben.

Nach den beiden Stunden von Frau Schweppers ging es meinem Fuß ganz plötzlich wieder besser.

Wir haben dann noch Erdkunde abgesessen und etwas über einen Vulkan aus Island gelernt, dessen Namen man nicht aussprechen kann. Also hieß er bei uns einfach Eierkopf-Vulkan.

Das Ding ist irgendwann einfach so hochgegangen und hat den ganzen Himmel verdunkelt, sodass ewig keine Flugzeuge mehr über Island rüberfliegen konnten. Anscheinend war der Ausbruch deswegen so heftig, weil verschiedene Magma-Quellen zusammengeflossen sind und es dann eben erst richtig geknallt hat.

Ihr wollt noch mehr tolle Fun Facts über isländische Vulkane? Na, dann geht in die Erdkunde-AG oder so! Mehr weiß ich nämlich auch nicht mehr.

Nach der Schule saßen Momo und ich ENDLICH zu Hause, um unser erstes Youtube-Video zu drehen: ein Mathe-Video. Wir haben uns nämlich überlegt: Bei Mathe gibt es wahrscheinlich die meisten Leute, die bei Google eingeben: „HILFE, ICH VERSTEHE MATHE NICHT. KANN MIR DAS EINER ERKLÄREN ODER ICH SPRINGE AUS DEM FENSTER?"

Und die finden dann alle unser Video und wir haben MEGAVIELE KLICKS.

Ich hab mich also auf unser Sofa gesetzt und Momo hat sein Handy rausgeholt. Wir haben natürlich vorher drauf geachtet, dass man nichts außer dem Sofa sehen kann. Wir haben sogar ein paar Fotos abgehängt. Das war Birgit ganz wichtig. Sie hat gesagt, wir dürfen alleine drehen und alles, aber wir müssen ganz genau darauf achten, dass man nichts Wichtiges von unserem Haus im Hintergrund sieht.

Und sie möchte dann das Video am Ende schneiden, damit wir halt eben keinen Mist verzapft haben, der uns später peinlich ist.

Ich find das ja ein bisschen unnötig, aber na gut, Birgit hatte die Idee mit dem Hausaufgaben-Hilfe-Kanal, dann wird sie wohl auch am besten Bescheid wissen, was man da rausschneiden soll. Und je länger ich darüber nachdenke, desto sicherer bin ich mir: Mit diesem Channel-Thema kriegen wir erst mal genau die Reichweite, die wir am Anfang brauchen!

Momo hat auf jeden Fall draufgehalten und ich habe angefangen, unsere neueste Hausaufgabe über Bruchrechnung zu erklären.

Ich war irgendwie voll nervös, auch wenn ja im Raum nur Momo in einem zu großen Anzug stand und sonst niemand. Ich hab mich voll oft versprochen, aber trotzdem fand ich, dass ich es insgesamt echt gut erklärt habe.

Das habe ich daran gemerkt, dass Momo hinter der Kamera ab und zu „aaaaaaaaah" und „ach so" gemacht hat. Wie gesagt, Momo ist megagut in Deutsch und so, aber in Mathe ist er ein ziemlicher Otto. Deshalb habe ich zwei Fliegen mit einer Klappe geschlagen: Ich habe Momo die Mathe-Hausaufgaben erklärt und ich habe allen meinen Zuschauern und Zuschauerinnen bei ihren Rechenproblemen geholfen.

Als wir dann fertig waren, hatte ich voll das gute Gefühl in meiner Brust. Das war so, als ob da irgendwie nicht mehr ein Herz schlägt, sondern eine Achterbahn rumfährt. So fühlt sich das sonst nur an, wenn ich denke, Mia hat mich angelächelt.

Birgit kam dann später vorbei, um das Video schön zusammenzuschneiden, und hat uns sogar noch mal gelobt.

Ich bin also gerade so gut drauf, als hätte ich im Lotto gewonnen.

JulianHero, pff, dass ich nicht lache! RALFTUBE! Das ist der neue Hit! Wir werden ja sehen, wie alle bei mir die Kommentarspalte zuspammen, weil sie mehr Videos wollen. Wir werden ja sehen.

Leute, das hier ist der Moment. Diesmal wirklich.

Alles ist bereit. Und ich muss nur noch Klick machen ... Klick.

YES. Mein neues Leben hat begonnen!

Kapitel 7

Ich glaube, Youtube ist kaputt.

Anders kann ich mir halt echt nicht erklären, was da heute schiefgelaufen ist. Nachdem ich gestern Abend mein Video hochgeladen hab, bin ich direkt ins Bett gegangen, damit ich nicht am PC sitze und die ganze Zeit die Seite neu lade und gucke, ob schon jemand einen Like oder einen Kommentar dagelassen hat.

Im Bett habe ich dann am Handy die Seite die ganze Zeit neu geladen und geguckt, ob schon jemand einen Like oder einen Kommentar dagelassen hat. Aber irgendwie hat sich da rein gar nichts getan.

Das fand ich dann schon seltsam. Ich meine, normalerweise bin ich echt geduldig. Manchmal spielen Momo und ich zum Beispiel Schach gegen seinen Vater. Sein Vater hat nämlich irgendsoein Schach-Mastertaktik-Buch gelesen und denkt seitdem, er ist der KING (höhö).

Soweit ich das sehe, ist seine Mastertaktik aber einfach nur, EEEEEWIG auf die Figuren zu starren und zu überlegen.

Jetzt wirklich – er sitzt dann da und krault sich nachdenklich am Bart rum und macht nichts. Nur wenn Momo und ich anfangen miteinander zu reden, macht er Schschsch und dann hören wir wieder auf zu reden.

Am Ende gewinnt Momos Papa zwar immer, aber ich glaube ja, das liegt mehr daran, dass unsere Figuren irgendwann denken: Lieber sterb ich, als noch eine Sekunde länger von diesem seltsamen Kerl, der sich am Bart krault, angestarrt zu werden. Deswegen lenken sie unsere Hände so, dass wir sie dann ab und zu in blöde Positionen stellen und sie geschlagen werden. Wir können da eigentlich gar nichts mehr machen.

Was ich damit aber eigentlich sagen will, ist ja nur, dass ich normalerweise voll geduldig sein kann.

Denn auch wenn es irgendwann schon nervt mit Momos Papa und ich das eigentlich nur wegen der leckeren Baklava-Snacks aushalte, die wir nebenbei futtern, spielen wir immer bis zum Ende.

Aber bei meinem Youtube-Kanal hatte ich halt irgendwie so gar keine Geduld. Und ich hatte keine Baklava, also war die Situation echt doppelt blöd.

Irgendwann schrieb ich Momo, ob bei ihm vielleicht schon Kommentare zu sehen sind. Aber der hat natürlich schon geschlafen. Mein Akku war dann leer und zum Glück war ich zu müde, um aufzustehen und nach dem Ladegerät zu suchen.

Am nächsten Morgen hab ich das Handy direkt angeschlossen, doch es war immer noch nichts passiert.

Drei Aufrufe, keine Likes, keine Kommentare.

Zum Glück war Momo da viel entspannter als ich.

„Ach, Ralf", meinte er später in der Schule zu mir. „Das

dauert halt ein bisschen. Guck mal, ich weiß, wie es ist, wenn man verzweifelt in Mathe ist. Und ich google so was auch nur vor Klassenarbeiten." Er klopfte mir auf die Schulter. „Als dein Manager sage ich dir: Kein Video von einem unbekannten Youtuber hat sofort nach dem Upload viele Aufrufe. Das entwickelt sich mit der Zeit."

„Krasse Scheiße!", schrie Julian da plötzlich durch den Klassenraum. „Schon 52 Aufrufe! Mein Video kommt ja noch besser an, als ich gedacht habe!"

Boah, nee. Momo und ich guckten uns an und mein Manager zuckte ein bisschen hilflos mit den Schultern.

„53!", schrie Julian.

Hä? Was hatte Julian denn da gedreht, dass das so viel besser lief als unseres? Ein Tutorial, wie man seinen Mitschülerinnen und Mitschülern auf die Nerven geht?

Aber allen anderen ging das irgendwie nicht auf die Nerven, sondern sie versammelten sich um Julian, als wäre er voll der Held.

Ich holte mein Handy raus, um zu gucken, was an JulianHero so toll sein sollte. Doch bevor ich auch nur Jul tippen konnte, riss Momo mir das Ding aus der Hand.

„Bist du verrückt? Willst du ihm den 54sten Aufruf geben? Das ist ja, wie wenn du Vegetarier bist und einfach mal aus Interesse 'nen Döner weghaust."

Irgendwie fand ich den Vergleich megaseltsam, vor allem, weil ich kein Vegetarier bin und Momo auch nicht. Eigentlich kenne ich nur Birgit, die kein Fleisch isst. Aber ich bin mir sicher, Birgit würde wirklich nicht aus Interesse einen Döner weghauen, höchstens einen mit nur Salat drin und dann ist es ja irgendwie kein Döner mehr, finde ich. Also hielt ich mich lieber an Birgit und suchte doch nicht nach JulianHero.

Momo und ich saßen dann ziemlich mies gelaunt im Unterricht. So hatte ich mir meinen ersten Tag als Youtube-Star nicht vorgestellt.

Außerdem hat Julian ab und zu neue Viewer-Zahlen geflüstert und weil Julian nicht richtig flüstern kann, haben wir jede Zahl mitgehört. Zum Glück hat Frau Schweppers ihn dann irgendwann dafür zusammengeschissen. Da hatten wir wenigstens ein Highlight.

In der ersten großen Pause vibrierte mein Handy und zeigte mir an, dass es „einen neuen Kommentar zu deinem Video" gab. Innerlich bin ich natürlich komplett ausgerastet. Äußerlich bin ich sehr cool geblieben, weil Mia mit ihren Mädels in der Aula stand und sie ja zufällig zu mir hätte rüberschauen können.

„Momo, guck!", sagte ich also nur lässig und winkte ihn zu mir ran. Ich rief den Kommentar auf:

Birgi71
Klasse. Da sind aber zwei junge, schicke Männer, die sich für euch richtig ins Zeug gelegt haben.

Ich weiß nicht, was ich am schlimmsten finde. Den Namen **Birgi71**, den ersten Kommentar von seiner eigenen Tante zu bekommen oder dass immer noch niemand anderes kommentiert hat.

Dafür hat Birgit in der zweiten großen Pause ihren eigenen Kommentar kommentiert:

Birgi71 Antwort auf Birgi71
Kann mir das wirklich immer wieder ansehen. Super! #Ralfrockt

Währenddessen hatten sich schon wieder irgendwelche Leute um Julian und sein Handy versammelt. So richtig ärgerte ich mich dann aber erst, als ich sah, dass Mia und ihre Clique dabei waren. Und auch wenn Mia jetzt nicht sooooo begeistert aussah – Fame ist Fame.

Kurz vor Ende der Pause fiel uns dann ein, dass wir uns noch gar nicht für die Projektwoche eingetragen hatten. Also gingen wir schnell zu den Listen rüber und guckten uns die Auswahl an. Ich fand die meisten Projekte echt dämlich, Politik und Musik bei Herrn Funk und Fußballvereine als Firmen bei Frau Kapita waren da fast noch am okaysten. Nur Richtig schlafen – Von Powernapping bis Tiefschlaf bei Frau Möller kam mir ziemlich lässig vor.

Dann sah ich, wo Mia sich eingetragen hatte. Plötzlich klang Die Vergessene Kunst der Handarbeit bei Frau Schweppers gar nicht mehr so dämlich.

„Lass das machen", meinte ich zu Momo.

„Haha", meinte Momo.

Als er merkte, dass ich keinen Witz gemacht hatte, sah er mich an, als wäre ich ein Alien mit Weltraum-Pest. „Ist doch nicht dein Ernst, oder?"

„Ist mein Ernst, mein Dieter und mein Wolfgang", sagte ich.

„Ja, und ist meine Asla."

„Hä?"

„Das heißt NIEMALS!"

„Boah, komm bitte, Momo."

„Nenn mir einen guten Grund!"

„Ich nenn dir ZEHN!"

„Na, da bin ich aber gespannt", sagte Momo und verschränkte die Arme.

Das waren meine zehn Gründe:

1. Handarbeit ist etwas, das man sein ganzes Leben lang braucht. Ich meine, wirst du später irgendwelche komischen Projekte über Schlafrhythmus oder über Fußballvereine brauchen? Nein. Aber du wirst dich dein ganzes Leben hinpacken und dir die Hosen aufreißen.

2. Okay, das klang jetzt falsch. Aber stell dir vor, du bist in einem wichtigen Bewerbungsgespräch und der Chef von deinem Traumjob fragt: **Na gut, Herr Saci, Sie haben zwar einen Professor in Quantenphysik – aber wie sieht es denn mit Ihren Handarbeitsskills aus?** Und dann ist der ganze Professoren-Bumms für die Katz und du gehst vor die Hunde, weil du nicht **ein** einziges Mal das richtige Projekt gemacht hast.

3. Schon Cäsar sagte damals: Ich kam, ich sah, ich strickte.

4. Willst du, dass deine kleine Schwester besser als du darin ist? Die hat mir nämlich erzählt, sie macht bald in der Handarbeits-AG mit.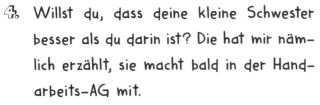

5. Frau Schweppers ist die netteste Lehrerin, die wir haben, und ihre Begeisterung wird uns einfach MITREISSEN.

6. Okay, nett ist vielleicht nicht das richtige Wort. Und Begeisterung auch nicht. Aber LEHRERIN kommt hin.

7. Du kriegst mein Snickers.

8. Es heißt „Die Vergessene Kunst der Handarbeit" und deswegen habe ich den achten Grund vergessen.

9. Ähm ...

10. Mia macht da mit.

„Mann, sag das doch", meinte Momo und trug uns ein.

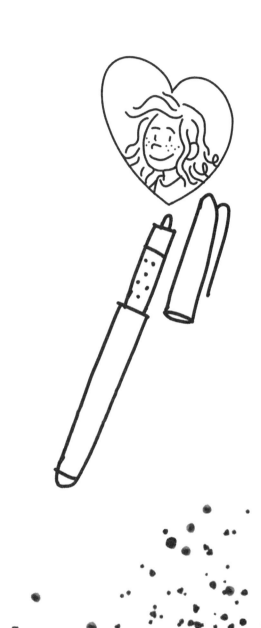

Kapitel 8

ein Superstar", meinte Momos kleine Schwester Nesrin und zog einen Schmollmund.

„Ich bin bald ein Superstar", meinte ich und zuckte lässig mit den Schultern.

„Mein Ehemann ist Süperstar", meinte Momos Oma und lächelte glücklich.

Momos Oma vergisst ja manchmal, dass ihr Mann nicht mehr da ist. Aber wir sagen ihr das nicht, solange sie nicht fragt. Würde mich auch nerven, wenn mir ständig einer ungefragt den Spaß verdirbt.

Falls ihr euch jetzt wundert, warum ich an einem Samstag mit Nesrin und ihrer Oma rumhänge: Das ist ab und zu mal so, wenn Momo auf Klo ist. Das dauert nämlich meistens eine ganze Weile.

Momo ist so einer, der geht mit 'ner Zeitschrift aufs Klo. Ich versteh das nicht so ganz, zum Lesen setz ich mich normalerweise auf einen Stuhl. Aber Momo weiß danach immer bestens über den neuesten Fußballkram

Bescheid und dann müssen wir uns immerhin nicht zusammen irgendwelche Sportnachrichten angucken. Also passt das schon so.

Gut, man könnte das natürlich auch machen, bevor ich komme. Aber ich hänge eigentlich ganz gerne mit Momos Familie rum, während er sich informiert.

„Bist du echt bald ein Superstar, Ralf?", fragte Nesrin mich mit großen Augen.

„Äh. Das sagt man doch nur so", meinte ich schnell. Nesrin ist zwar erst neun Jahre alt und geht noch nicht mal auf unsere Schule, aber wenn die sich verplappern würde, könnte das trotzdem übel ausgehen. Ich meine, wie peinlich wäre das denn, wenn meine Klassenkameraden meinen Kanal und das Video mit 6 Aufrufen finden. Es hatte sich da nämlich immer noch nichts getan und das nervte mich echt.

„Ach so. Ich möchte nämlich K-Pop-Sängerin werden", meinte Nesrin und schnappte sich einen Keks aus der Glückskekstüte, die ihre Mum aus dem Supermarkt mitgebracht hatte. „Mal gucken, ob ich ein Superstar werde."

„Oh ja", meinte ich und nahm mir auch einen.

Bei Nesrin stand drin: Dankbarkeit ist das Gedächtnis des Herzens und bei mir Ein Tag ohne Lächeln ist ein verlorener Tag.

Nesrin und ich sahen uns an. Was war das denn für ein Wischiwaschi-Mist?

„Noch einen?", fragte ich.

„Noch einen", meinte Nesrin.

Nesrins nächster Spruch war **Ein großer Mensch ist, wer sein Kinderherz nicht verliert** und meiner war **Ein Einkauf wird sich als vernünftige Investition erweisen**.

Das war ja schon wieder nur irgendein Gelaber, das konnten wir so nicht stehen lassen. Wir nahmen uns beide noch einen Keks.

Als die Tüte leer war, hatten wir fünfmal gelernt, dass ein Tag ohne Lächeln ein verlorener Tag ist und dreimal, dass wir irgendeinen blöden Einkauf machen sollten, und

wir bekamen noch ein paar andere Tipps, die uns gar nichts brachten. Aber kein Keks hatte uns gesagt, dass wir Superstars werden.

Irgendwie zog mich das plötzlich voll runter. Und das lag nicht nur daran, dass mein Bauch echt voll war, nee, ich fands echt richtig blöd auf einmal.

Also, versteht mich jetzt nicht falsch, ich glaube nicht wirklich dran, dass ein bescheuerter Keks mir die Zukunft voraussagt. Aber fürs Gefühl war es eben trotzdem megadoof.

Eigentlich war mein MASTERPLAN!, ja, dass ich jetzt schon meine Views gar nicht mehr zählen könnte. Aber Leute, bei meinen paar Views, da hätte nicht mal Momos Oma sich verzählt. Die hatte übrigens nur einen Keks gegessen und darin stand: Sie werden sehr erfolgreich sein.

Vielleicht sollte ich ihr den Kanal überlassen.

„Ist was, Ralf?", fragte Nesrin.

„Nee, alles gut", meinte ich.

„Machen wir eigene Glückskekse. Die nicht sind gut", meinte da Nesrins Oma und stand auf. „Hab ich Rezept."

Dann fing sie in der Küche an zu backen, und Nesrin und ich mussten Sprüche für die Glückskekse aufschreiben, jeder fünf. Das war gar nicht so einfach, weil man wusste ja nicht, wer welchen Keks bekam. Es musste ja sozusagen für jeden was Passendes dabei sein, auch für Momo, der ja bestimmt gleich wiederkam. Ich überlegte echt lange. Am Ende hatte ich:

Sie haben bald ganz viele Zuschauer.

Sie werden der erfolgreichste Manager der Welt.

Sie sind schon jetzt ein richtiger Superstar.

Sie sind ein geiler Hecht!

Sie drehen die besten Videos.

Ja, bei dem Letzten ist mir irgendwie nichts mehr eingefallen. Den durfte dann halt nur Nesrin nicht bekommen, passte doch.

Wir rollten also die zehn Sprüche in das Gebäck ein. Es waren übrigens keine Kekse, sondern Böreks. Ich weiß nicht genau, ob Nesrins Oma mittendrin vergessen hatte, dass sie Kekse machen wollte oder ob ihr Plan von Anfang an die Böreks waren. War ja eigentlich auch egal, jetzt waren es auf jeden Fall GLÜCKSBÖREKS.

Als die dann fertig waren, war auch Momo fertig und kam zu uns in die Küche. Er war voll begeistert von unserer Idee. Dafür durfte er auch den ersten Glücksbörek haben.

Er zog: Sie werden der erfolgreichste Manager der Welt.

Na, das fing doch schon mal gut an! Nesrin zog dann gleich darauf: Sie sind jetzt schon ein richtiger Superstar. Top!

Ich griff auch schnell zu. Auf meinem Zettel stand: Sie verlieben sich in ein Mädchen mit N.

Ich versuchte, nicht so enttäuscht auszusehen, weil Nesrin sich sehr über meinen Glücksbörek freute. Das klappte ganz gut, manchmal muss man halt auch erst mal ein bisschen so tun als ob.

Und als Oma dann selbst noch einen Börek öffnete und darin stand Sie sind ein geiler Hecht, war mir klar: Das war schon alles richtig so, bei mir hatte sich einfach nur ein kleiner Fehler eingeschlichen. Der wird bald korrigiert.

Kapitel 9

"Am Sonntagmorgen" hatten wir neun Aufrufe und immer noch nur Birgits zwei Kommentare und da konnte Momo dann auch nicht mehr mit Geduld, Geduld ankommen. Deswegen haben wir uns mit Birgit zu einer KRISENSITZUNG getroffen.

„Also, meine Lieben", hat Birgit mit ernster Miene begonnen und sich zu uns auf die Sitzsäcke fallen lassen. „Erst mal ist es mir wichtig, dass wir hier eine Atmosphäre der gewaltfreien Kommunikation aufbauen."

Wir sahen sie ein bisschen verwirrt an.

„Also, wir hatten eigentlich nicht vor, uns mit dir zu prügeln, Birgit", meinte Momo.

„Darum geht es auch nicht, lieber Mohammed. Es geht darum, dass wir unsere Bedürfnisse mitteilen. Wir sagen also, was wir uns wünschen. Dann fragen wir den anderen, ob er unseren Wunsch erfüllen kann und möchte. Die Antwort darauf darf ganz frei mitgeteilt werden. Alles klar?"

Wir nickten und waren immer noch irgendwie verwirrt.

„Supi", meinte Birgit. „Wer möchte den Anfang machen? Ralf?"

„Birgit, deine Kommentare sind peinlich. Kannst du die bitte löschen?"

„Raaaalf", sagte Birgit freundlich lächelnd. „Das war jetzt nicht gerade gewaltfrei. Nicht vergessen: Bedürfnisse kommunizieren, aber dabei dem anderen die Freiheit lassen."

„Birgit, ich habe das Bedürfnis, dass du diese superpeinlichen Kommentare löschst. Das kannst du gleich jetzt oder in fünf Minuten machen. Ist das in Ordnung für dich?", fragte ich.

„Okay, lassen wir das", meinte Birgit und machte sich eine Zigarette an.

„Also, es ist so", schaltete sich mein Manager ein. „Erst habe ich zu Ralf auch noch gesagt, dass er sich mal entspannen soll. Aber irgendwie bringt das ja auch nichts. Julian aus unserer Klasse hat mit seinem neuen Kanal schon über hundert Klicks."

„Echt? Das ist ja wirklich beeindruckend. Das müssen wir uns mal angucken", sagte Birgit und holte ihr Handy raus.

„NEIN!!!", riefen Momo und ich.

Jetzt war Birgit diejenige, die uns verwirrt anschaute.

„Ich meine, Birgit, du würdest ja auch nicht aus Interesse einen Döner weghauen", meinte Momo.

„Und wenn nur einen mit Salat und dann ist es ja kein Döner mehr", meinte ich.

„Nee, dann ist es ein Schöner, weil dafür kein Tier sterben musste", meinte Birgit.

Manchmal weiß ich nicht, ob ich meine Tante witzig oder völlig bescheuert finden soll.

Birgit verstand dann schon irgendwie, was wir meinten. Aber man muss seine Konkurrenz gut kennen, hat sie uns erklärt. Die Medienbranche ist ein ELLENBOGEN-GESCHÄFT, sagt sie.

Als wir sie mal wieder verwirrt angeschaut haben, hat sie uns das so erklärt: Man muss wissen, mit wem man es zu tun hat. Denn jeder will coole Filme machen und wenn man nicht aufpasst, dann rammen deine Konkurrenten dir einen Ellenbogen in den Bauch, drehen einen Film, und dir bleibt nichts übrig, außer Taxi zu fahren.

Das wollten Momo und ich natürlich nicht. Wir haben ja nicht mal einen Führerschein.

Deswegen einigten wir uns darauf, dass Birgit ...

1. ... nach „Julian Bam" suchen will und AUS VERSEHEN statt „Bam" „Hero" eingibt. Kann ja mal passieren.

2. ... eigentlich eine neue Suche starten will, aber dann AUS VERSEHEN UND VÖLLIG OHNE ABSICHT auf den Kanal JulianHero und das erste Video dort klickt.

3. ... nachdem das Video einfach so durchgelaufen ist, AUS VERSEHEN UND VÖLLIG OHNE ABSICHT UND DAS TUT IHR AUCH SUPERLEID, DASS DAS PASSIERT IST, ABER MAN IST JA MANCHMAL AUCH UNGESCHICKT, auf den Dislike-Button drückt.

ır so mittel, fand ich. Also ehrlich. ı nur zwei Sachen gemacht: rum... ...achen geworfen.

...en war eher nervig, das hab ich ja auch jeden Tag in der Schule. Aber das Sachen-Werfen war schon ganz okay. Es war nämlich eine TRICKSHOT-CHALLENGE. Julian hat also Basketbälle oder Wasserflaschen von ganz weit weg oder rückwärts oder durch die Beine in den Basketballkorb geschmissen. Da waren schon ein paar gute Würfe dabei. Aber Julian hat halt so getan, als ob er nach jedem Treffer die Weltmeisterschaft gewonnen hat.

„Also, das hat doch gar keinen Inhalt", meinte Birgit nach dem Video nur kopfschüttelnd. „Und der Schnitt ist auch unter aller Kanone."

„Und warum hat er dann so viel mehr Aufrufe als wir?", fragte ich.

„Ja, Jungs", meinte Birgit und zog die Schultern hoch. Das müssen wir wohl noch mit einer genaueren Marktanalyse herausfinden. Ich weiß auch nicht, was da schiefgelaufen ist."

Am Abend wusste ich dann, was schiefgelaufen war.

Als ich eine Push-Nachricht bekam, dass es wieder einen neuen Kommentar zu meinem Video gab, hatte ich erst Angst, Birgit hat ihren Kommentar unter ihrem Kommentar kommentiert. Es kam aber noch schlimmer:

Jermyy_HD
Danke für nichts. Habe damit meine Hausaufgaben gemacht. Aber ihr habt 'nen Fehler drin und jetzt bin ich am Arsch.

Ich guckte mir das Video noch mal an. Jermyy_HD hatte recht. Es waren sogar zwei Fehler drin. Die musste ich in der Aufregung einfach übersehen haben.

Alter, wie peinlich! Da machst du einen auf Profi und verhaust direkt das erste Video! Doppelt!

Ich löschte den Clip sofort. Danach rief ich Julians Video auf und ließ noch ein Dislike da. Dann machte ich den Dislike wieder weg, weil einer von Birgit reichte ja wohl und so unfair wollte ich nicht gewinnen. Dann sah ich, dass er jetzt schon 200 Aufrufe hatte und außerdem 12 Likes und meine Laune wurde noch schlechter. Ich merkte, dass mein Kopf ganz heiß war und dass ich irgendwie voll schnell atmete. Als wäre ich gesprintet oder so, aber war ich ja gar nicht. Ich wusste irgendwie plötzlich überhaupt nicht, wohin mit mir. Und mein Herz

schlug unnormal unruhig.

Nervös kramte ich in meinem Rucksack und holte den Glücksbörek raus, den Momos Oma mir gestern noch mitgegeben hatte. Eigentlich hatte ich keinen Hunger, aber ich brauchte was zu tun. Also futterte ich den Börek und las mir dabei den Spruch durch, den ich darin fand:

Gut, da stand jetzt nicht, dass ich bald viele Views bekommen würde. Und der Börek war ganz schön trocken. Aber irgendwie tat er mir gerade richtig, richtig gut.

Eine Weile saß ich einfach nur da und guckte auf meine Hände mit dem Zettel in der Hand. Ich wartete so lange, bis sie ganz aufgehört hatten zu zittern.

Danach guckte ich mir ein Video von einem Mops an, der Skateboard fährt, und irgendwie beruhigte mich das noch mal fast genauso doll wie der Glücksbörekzettel.

Wenn ein Hund mit Atembeschwerden Skateboarden hinbekommt, schaff ich das ja wohl auch mit meinem Kanal. Das mit dem Hausaufgaben-Hilfe-Ding war nur ein erster Versuch. Der MASTERPLAN!½ hat nur einen kleinen Umweg genommen, hab ich mir gesagt. Das nächste Video ist dann halt der GROSSE DURCHBRUCH.

In der Nacht träumte ich von Julian, wie er Skateboards auf Hunde warf. Das war ein bisschen komisch. Aber am nächsten Morgen freute ich mich trotzdem auf die Projektwoche.

Kapitel 10

Keine Ahnung,

ob das mit dem Handarbeits-Projekt die beste Idee meines Lebens war oder einfach nur dumm.

Momo hatte dazu eine ganz klare Meinung:

„Boah, Ralf. Ich hab echt einen gut bei dir", sagte er und ließ sich auf den Stuhl neben mir fallen. „Ich könnte jetzt in einem Raum mit lauter Fußballverrückten sitzen und über das Spiel gestern reden. Stattdessen hängen wir hier rum und lernen gleich Stricken!"

Weil mir keine gute Antwort einfiel, sagte ich einfach nichts. Außerdem war ich auch meganervös. Mia saß nur sieben Plätze von mir entfernt und ich überlegte, wie ich sie am besten ansprechen könnte. Das GUTE war, dass es nach „HRMJA" nicht mehr weit nach unten ging. Das SCHLECHTE war, dass mir absolut nichts anderes einfiel.

Na ja, im Moment war sie ja noch bei ihren Freundinnen, da wäre das eh komisch gewesen, einfach zu ihr zu gehen, sagte ich mir.

Momo und ich waren hier mit zwölf anderen Mädchen im Projekt. Der einzige andere Junge war Enrico. Er kam eine Minute vorm Klingeln und setzte sich zu uns.

„Na, Leute. Was macht ihr denn hier?", fragte Enrico.

„Gute Frage", meinte Momo.

„Was machst du hier?", fragte ich einfach zurück.

„Gute Frage", sagte Enrico.

Enrico und ich waren vor ein paar Jahren mal gute Kumpels gewesen. Wir haben zusammen an Tischkicker-Turnieren teilgenommen und saßen im Unterricht nebeneinander. Dann hat Enrico seinen eigenen PC bekommen und war dann nur noch damit beschäftigt. Gleichzeitig haben Momo und ich uns angefreundet. Deswegen sind Enrico und ich jetzt halt einfach nur noch Klassenkameraden. Und wenn ich ganz ehrlich bin, ist Enrico mit der Zeit auch immer komischer geworden. Also, ich hab nichts gegen ihn, echt. Aber er gehört seitdem nicht mehr so wirklich zu den normal Beliebten, wenn ihr versteht, wie ich meine.

„Ach cool, was ist das denn?", fragte Enrico und schielte auf einen meiner Schmierzettel. Oh, Mist, das waren Momos und meine Notizen zu Video-Ideen!

„Nichts", sagte ich hastig und packte sie weg. Ich musste echt vorsichtiger sein!

„Wirklich nichts?", hakte Enrico nach.

„Neeee!"

Da kam Frau Schweppers rein und das Projekt fing an. Wir haben aber nicht mit Stricken, sondern mit Sticken angefangen. Das ist so ähnlich wie Stricken, nur mit kleineren Nadeln.

Diese Lektionen habe ich schon in den ersten fünfzehn Minuten Sticken gelernt:

1. Sticken ist komplizierter, als es aussieht.

2. Die Nadeln beim Sticken sind nicht nur kleiner als beim Stricken, sie sind auch spitzer.

3. Ich kann kein Blut sehen und vor allem nicht mein eigenes.

4. Um nicht ohnmächtig zu werden, kann man sich dann einfach ein zweites Mal stechen, das macht einen wieder wach. Man darf dann halt nur nicht noch mal hingucken.

5. Wenn dir der Faden aus dem Nadelöhr rutscht, hast du verloren.

6. Ruf trotzdem niemals Frau Schweppers zu Hilfe. Die sabbert dann den Faden an, bevor sie ihn wieder einfädelt.

7. Wenn du dich verstickt hast, mach einfach weiter und tu so, als wäre nichts gewesen. Sonst wird alles noch komplizierter.

8. Sticken mit Mia in der Nähe ist für mich erhöhte Schwierigkeitsstufe.

9. Ich glaube, auch ohne Mia in der Nähe ist Sticken für mich erhöhte Schwierigkeitsstufe.

10. Es gibt gute Gründe, warum die Kunst der Handarbeit vergessen wurde.

Enrico ging es so ähnlich wie mir. Er hatte das mit den Mustern ein bisschen mehr raus, aber dafür zitterten seine Hände doller als meine. Ich glaube, das ist der PC-Entzug. Also waren wir beide etwa gleich schlecht und etwa gleich genervt.

Bei Momo war das ganz anders. Die ersten paar Minuten hat er noch vor sich hingegrummelt. Dann meinte er irgendwann zu mir:

„Ey, Ralf, das macht ja voll Spaß!"

„Mhm", sagte ich und lächelte verkrampft, während ich gerade versuchte, auf keinen Fall auf meinen blutenden Finger zu gucken.

Danach kam Momo mehr und mehr in den Tunnel und hat immer schneller und immer besser gestickt. Sogar Frau Schweppers hat ihn gelobt.

Ich wurde in meiner ganzen Schulzeit nur ein einziges Mal von Frau Schweppers gelobt und das war, als ich mich letztes Jahr aus Versehen für das Amt des Feueralarm-Beauftragten gemeldet habe. Eigentlich wollte ich nur aufs Klo, aber ich hatte nicht aufgepasst.

Es war dann auch das ganze Jahr nur ein Mal Feueralarm zum Testen gewesen. Da war ich aber krank und Frau Schweppers hat mich am nächsten Tag angemeckert, warum ich denn keinen Ersatzmann hätte. Ich habe ihr gesagt, dass ich ja wohl genauso gut eine Ersatzfrau hätte haben können. Da ist Frau Schweppers noch wütender geworden und hat mir eine Extraaufgabe über „Verantwortung und Respekt" aufgebrummt.

Also, versteht mich deshalb nicht falsch: Ich gönn das Momo, dass Frau Schweppers ihn lobt. Aber ich trau der Sache nicht.

Für die zweite Stunde hatte Frau Schweppers dann eine Stationsarbeit vorbereitet. An einer Station konnte man noch mehr übers Sticken lernen, an einer anderen konnte man Nähen ausprobieren, an der nächsten Häkeln und so weiter.

„Yeah!", rief Momo und stürmte direkt zur erstbesten Station los.

Ich wusste noch nicht, was ich machen wollte. Ich wusste nur, dass ich auf jeden Fall nicht noch weiter sticken wollte.

Da sah ich, dass Mia alleine an einer Station stand. Ich hatte zwar immer noch keinen Spruch parat, aber ein bescheuertes Projekt machen und Mia nicht ansprechen, wäre einfach zu viel gewesen.

Also schlenderte ich neben sie und prüfte sehr interessiert eines der Wollknäuel.

„Handarbeit ... WOW", sagte ich schwer begeistert und nickte, als würde ich mich voll auskennen. Mein Herz spielte Techno in meiner Brust.

„Na jaaa..." Mia zuckte mit den Schultern. „Ich bin eigentlich nur hier, weil Nelly und Yanna das wollten. Ich finds echt superöde."

„Ja, ist superöde, oder?", antwortete ich schnell und zeigte auf Momo, der gerade mit strahlenden Augen eine Stofftasche zusammennähte. „Ich bin auch nur wegen ihm hier. Verstehe ich auch nicht, wie man so was so feiern kann ..."

„Na, da haben wir ja was gemeinsam", lachte Mia.

„Stimmt." Ich lachte auch, vielleicht ein ganz bisschen zu lange.

„Dann sind wir zwei jetzt wohl Verbündete", meinte Mia. „Die ANTI-WOLL-ALLIANZ."

„Ja, stimmt", brachte ich noch raus, bevor ich mich dann zu einer anderen Station flüchten musste, weil mein Herz das sonst nicht mehr mitgemacht hätte.

Die ganzen anderen Sachen habe ich natürlich auch alle nicht hinbekommen. Momo und Mias Freundinnen dagegen schon. Aber Mia und ich haben ab und zu verschwörerische Blicke ausgetauscht und das war viel besser.

Da war es dann auch nicht schlimm, dass Frau Schweppers sich wieder über mich aufgeregt hat. Ich habe die Nadel von der Nähmaschine abgebrochen und daraufhin hat sie sich dann erinnert, dass ich ja noch immer nicht meine Extraaufgabe von letzter Woche gemacht habe. Aber wie gesagt: Das war voll okay so.

Denn wenn ich jetzt noch mal so drüber nachdenke, über Mia und die Anti-Woll-Allianz ... da war dieses Projekt doch schon eher die beste Idee meines Lebens.

Kapitel 11

„Ralf, ich schwöre, das ist die beste Idee meines Lebens!"

Momo kickte mit einem Tennisball immer wieder gegen die Wand, während ich die Spülmaschine ausräumte. Momos Mum hatte uns das aufgetragen. Meine und seine Mum haben echt nicht viel gemeinsam, aber bei Aufgaben im Haus schon. Momo und ich müssen beide eigentlich immer nur Zimmer aufräumen und Spülmaschinen ausräumen. Das dafür aber ständig. Weiß nicht, ob wir für die anderen Sachen zu dumm sind oder ob wir mittlerweile so professionell die Spülmaschine ausräumen, dass niemand das sonst so gut erledigen könnte.

Ich gehöre in die 2. Schublade von unten! Wieso fragt mich bloß keiner?!

Wobei, eigentlich bin ich der Profi, Momo steht irgendwie immer nur daneben.

„Glaub mir, Ralf. Birgits Idee war von Anfang an Käse. Aber wenn wir das jetzt machen, dann hast du in 'nem halben Tag mehr Aufrufe als Julian insgesamt hat."

„Wo muss das hin?", fragte ich und hielt eine Käsereibe hoch.

Falls ihr euch jetzt wundert, warum ich nicht wusste, wo die Käsereibe hingehört, obwohl ich das schon etwa 3724 Mal gemacht habe, dann habt ihr wahrscheinlich noch nie in eurem Leben eine Spülmaschine ausgeräumt. Manche Sachen kann man sich einfach nicht merken.

„Keine Ahnung. Neneeeee...?", rief Momo sein Mum auf Türkisch.

Aber die war nicht da. Deswegen legten wir die Reibe auf den Tresen, bevor wir sie noch falsch einsortierten.

„Also, was sagst du?", meinte Momo und kickte den Tennisball fast gegen die Fensterscheibe.

„Hm, ich weiß ja nicht", meinte ich.

Momos neue Idee ist ein DIY-Channel. DIY ist die Abkürzung für Do it yourself. Das sind so Kanäle, wo Leute irgendwelche Handarbeiten machen, die voll kreativ sind. Am Ende hat man dann zum Beispiel 'nen Eierwärmer aus einer Einkaufstüte gebastelt.

Momo ist seit der Projektwoche **superbegeistert** von diesen Kanälen und denkt, das kann MEIN GROSSER DURCHBRUCH werden. Ich glaube ja, der hat zu viele Wollknäuel geschnüffelt.

Die Projektwoche ist mittlerweile rum und das ist aus mehreren Gründen gut so:

1. Ich glaube, Momo war kurz davor, die Schule zu schmeißen und sich als Modedesigner selbstständig zu machen.

2. Fünf Tage am Stück mit Frau Schweppers in einem Projekt wünscht man keinem.

3. Fünf Tage am Stück mit Mia in einem Projekt wünscht man jedem. Aber mein Herz braucht mal 'ne Pause, das ist ja nicht gesund.

Obwohl, wenn ich so drüber nachdenke, ein paar Tage länger wären schon in Ordnung gewesen. Also, Mia und ich haben jetzt nicht ständig miteinander rumgehangen, die meiste Zeit war sie ja trotzdem noch bei ihren Freundinnen. Aber ab und zu haben wir mal ein paar Sätze gewechselt und fanden es lustig, dass wir den Kram nicht so draufhaben. Das war schon mal eine etwa 400-prozentige Steigerung zu „HRMJA".

„Mann, Ralf, wir müssen ja nicht so was machen wie in der Projektwoche", versuchte Momo es weiter. „Beim DIY gibt es tausend verschiedene coole Sachen. Wir können also was machen, was alle gut gebrauchen können, und wir sind trotzdem megakreativ. Ich wette, Birgit ist da auch voll dabei."

Oh Mann, damit hat er wahrscheinlich sogar recht. Und wenn das gerade wirklich so im Trend ist mit dem DIY, dann ist es vielleicht echt nicht so doof. Aber so ganz konnte ich mich einfach nicht durchringen. Ich musste daran denken, wie ich nach dem Hausaufgaben-Hilfe-Fail so einen ganz komisch heißen Kopf hatte, und das wollte ich jetzt eigentlich nicht noch mal haben. Ich kann ja dann nicht jedes Mal einen Glücksbörek weghauen, Momos Oma hat sicher Besseres zu tun.

„Erinnerst du dich noch dran, was Frau Schweppers am Ende der Projektwoche meinte?", fragte Momo und deutete auf den riesen Haufen aus Taschen, Schals und Stickbildern, die er aus der Schule mitgebracht hatte. „Wir haben gerade erst das erste Kapitel eines großen Buches aufgeschlagen."

„Ja, ich erinnere mich!", rief ich da plötzlich aufgeregt.

„Echt?", fragte Momo verdattert.

„Ja!", rief ich.

An das mit dem Kapitel und dem Buch erinnerte ich mich nicht. Aber ich hatte mich plötzlich daran erinnert, was Frau Schweppers am Ende der Woche davor gesagt hatte:

„Ich weiß, dass die Klassenarbeit etwas ungünstig liegt, weil jetzt noch die Projektwoche dazwischenkommt. Deswegen denkt trotzdem unbedingt daran, ordentlich dafür zu lernen."

Jetzt meint ihr vielleicht, na gut, das ist ja nur 'ne Klassenarbeit in Deutsch. Da kann man einfach ein bisschen einen erzählen und dann läuft das schon. Aber Frau Schweppers' Klassenarbeiten sind halt echt schwer und deswegen hatten wir jetzt echt ein Problem.

Ich versuchte mir zu sagen, dass das doch halb so wild ist.

Aber wie ernst die Lage wirklich war, wurde mir klar, als Momo den Tennisball liegen ließ und mir bei der Spülmaschine half.

Kapitel 12

Kennt ihr das Gefühl, wenn man MEGAGUT auf eine Klassenarbeit vorbereitet ist und dann dasitzt, aber DIE HÄLFTE von dem, was man gelernt hat, fällt einem nicht ein?

Ich nicht. Ich war ZIEMLICH SCHLECHT auf die Klassenarbeit vorbereitet und mir fiel FAST ALLES von dem, was ich gelernt hatte, nicht ein.

Es war aber auch echt nicht so einfach gewesen mit dem Lernen. Denn auch wenn Momo mir bei der Spülmaschine geholfen hatte, hatten wir nicht mehr viel Zeit gehabt. Außerdem konnte ich mich auch nicht so gut konzentrieren. Mein Kopf war voll von der Projektwoche, Mia, RalfTube, JulianHero und überhaupt. Währenddessen hat Nesrin im Nebenzimmer in voller Lautstärke K-Pop gehört. Das lenkt auch irgendwie ab, weil's in den Ohren wehtut (hat aber nichts mit der Lautstärke zu tun ☺).

So gings mir dann auch in der Klassenarbeit. Also nicht, dass jemand nebenan K-Pop gehört hat. Aber ich hatte einen Ohrwurm von Bubble Pop von Hyuna. Der häufigste Text darin lautet bubble bubble bubble pop. Schreib mit so was im Kopf mal 'nen Deutschaufsatz!

Außerdem waren da ja noch die anderen Gedanken:
Warum läuft Julians Kanal so super und meiner nicht? Muss ich mich jetzt vielleicht beeilen, damit er nicht uneinholbar wird? Soll ich auf Momos Rat hören und wirklich einen DIY-Channel aufmachen? Was, wenn das

schon wieder nicht hinhaut? Könnte das peinlich sein? Bubble bubble bubble pop. Wie würde Mia das finden? Aber noch kennt ja niemand in der Schule meinen Kanal, also könnte ich es auch einfach ausprobieren. Aber was passiert, wenn den jemand zufällig entdeckt?

Genau, stellt euch vor, das ist in eurem Kopf los. Und dann sitzt ihr da und müsst ein Gedicht über einen Typen analysieren, der seine Besen verzaubert hat und die ihm dann die Bude überschwemmen. Ich meine, was soll man denn zu so was schreiben??

Dazu kommt noch, dass ich immer MEGANERVÖS bei Klassenarbeiten bin. Selbst in Mathe und so, und das kann ich ja eigentlich.

Der Einzige, der jedes Mal noch nervöser ist als ich, ist Enrico. Enrico hat offiziell PRÜFUNGSANGST. Der ist dann immer völlig neben der Spur und hat einen riesen Stapel Traubenzucker neben seiner Federtasche, damit er irgendwie durchkommt. Er darf sich den Stapel nur nicht zu schnell reinziehen.

Das hat er mal in Politik gemacht. Da hatte er dann plötzlich einen Zuckerschock und ist komplett weggeklappt. Für die Note war das nicht schlimm, Herr Funk hat ihm einfach eine 3 gegeben. Herr Funk gibt meistens Dreien und eigentlich ist ihm das sowieso alles ziemlich egal. Also ist Enrico wenigstens in der richtigen Klassenarbeit weggeklappt.

Während Momo also schon ab Minute 1 wie ein Verrückter geschrieben hat, musste ich erst mal *geistig ankommen*, wie Birgit sagen würde.

Nach 20 Minuten hatte ich ein bisschen was in dem Gedicht unterstrichen, aber ich war noch nicht *geistig angekommen* und geschrieben hatte ich auch noch nichts. Das machte mich natürlich NOCH NERVÖSER.

Also fing ich an, hektisch nach irgendwelchen *Stilmitteln* in dem Gedicht zu suchen, aber mir fielen die richtigen Bezeichnungen einfach nicht mehr ein. Keine Ahnung, was ich alles reingeschrieben hab. Aber zwei waren von Momo abgeschaut, also die könnten richtig sein.

Am Ende musste ich dann darüber diskutieren, ob der Zauberlehrling selbst schuld an dem Chaos in seiner Bude ist. Leider hatte ich aber nur noch eine Minute, weil ich ja am Anfang noch nicht geistig angekommen war.

Aber ich hab 'ne eiserne Regel: *Egal was ist, du schreibst bei jeder Aufgabe was hin.* Vielleicht gibts ja 'nen halben Punkt oder so. Ich schrieb also einfach schnell Pro und Contra auf:

PRO
- Mit Zauberei spielt man nicht
- Hätte er ja irgendwie auch vorher wissen können
- Verantwortung und Respekt

CONTRA
- Bubble bubble bubble pop

Im Nachhinein glaube ich, ich hätte meine eiserne Regel vielleicht auch mal brechen sollen. Aber mitten im Stress kannst du halt nicht immer klar denken.

Kapitel 13

Youtube kannste echt vergessen!

Muss ich denn sofort wissen, dass Julian ein neues Video hochgeladen hat?

Bekomm ich doch eh morgen in der Schule oft genug zu hören. Aber nur, weil ich ein Mal sein erstes Video ausgecheckt habe, kriege ich jetzt 'ne Benachrichtigung von der Youtube-App: „TRICKSHOT CHALLENGE 2, Empfohlen: JulianHero".

Diesmal habe ich aber nicht draufgeklickt. Ich kann mir ja schon in etwa denken, was drin ist. Stattdessen schrieb ich Momo, dass wir jetzt so schnell wie möglich ein neues Video drehen müssen.

Bin in zwanzig Minuten da, Nesrin und ich müssen noch die Spülmaschine ausräumen, schrieb Momo. Aber weil er ein guter Manager ist, war er schon in vierzehn Minuten am Start.

„Ja, Ralf, dann bringt es doch jetzt alles nichts", meinte er und rückte sehr seriös seinen Anzug zurecht. „Es ist Zeit für ein DIY-Video."

Ich hatte schon Angst, dass er das sagt. Aber ich wusste immer noch nicht, ob ich das wollte. Wir entschieden uns also, unserem Global Chief Creative Officer Bescheid zu geben, damit er das für uns entscheidet.

„Springt rein, Jungs", rief Birgit, als sie mit quietschenden Reifen vor unserer Haustür hielt. „Wir haben's eilig."

Wir sprangen rein und Birgit düste los. „So, meine Lieben, ich habe hier um die Ecke gleich noch einen Kunden, aber dann fahren wir direkt zu mir und kümmern uns um die wirklich wichtigen Sachen!"

Schon ein paar Straßen weiter stand ihr Kunde und wartete ungeduldig.

Wobei, als er Birgit erkannte, sah er irgendwie gar nicht mehr so wartend aus.

Er holte sein Handy raus und bekam wohl gerade einen SEHR wichtigen Anruf rein und drehte sich von der Straße weg.

Das war Birgit aber egal. „Herr Zhū!", rief sie durchs offene Fenster und hielt direkt neben ihm. „Sie haben ein Taxi bestellt."

Herr Zhū drehte sich sehr überrascht um. „Wer, ich? Nein, nein."

„Sie stehen hier aber in meiner App, Herr Zhū", meinte Birgit.

„Achsoo ... Taxi!", sagte Herr Zhū und lächelte gequält. „Ja, äh also, das hab ich bestellt."

„Na dann immer rein mit Ihnen."

Herr Zhū stieg ein und nickte uns zu. Anscheinend wunderte er sich kein bisschen darüber, dass wir wieder dabei waren. Vielleicht denkt er ja auch, wir gehören zur Ausstattung.

Zum Glück musste er diesmal nicht zum Flughafen, sondern nur zum Bahnhof. Birgit hatte nämlich ein kleines Problemchen mit dem Benzin und deswegen mussten wir ein kleines Umwegchen über die Tankstelle machen. Aber die Züge fahren ja ziemlich regelmäßig, also bei Herrn Zhū sollte alles gut sein.

Als wir dann endlich bei Birgit waren, hatte sie noch eine Überraschung für uns: Doris war mit ihrer Freundin zu Besuch!

Das war natürlich der Hammer! Ich seh Doris voll

selten und sie ist schließlich meine einzige Cousine. Mein Papa hat zwar auch eine Schwester, Claudia, aber die hat keine Kinder und ich glaube, sie mag auch keine Kinder. Jedenfalls ist sie zu mir nicht unbedingt so nett. Also, Claudia beleidigt mich jetzt nicht oder so, aber eigentlich redet sie meistens über sich und ihre Arbeit und interessiert sich nicht sehr doll für mich.

Na ja, dafür sind ja Birgit und Doris als Verwandte da.

Ich lief auf Doris zu und umarmte sie. Die Überraschung war Birgit echt gelungen. Doris wohnt mit ihrer Freundin Alica zusammen irgendwo weit weg in Süddeutschland und die beiden studieren dort IRGENDWAS MIT MEDIEN.

Doris und Alica erklären mir auch jedes Mal die richtigen Namen von ihren Studienfächern. Das klingt dann in etwa so: Medien-Kommunikations-Film-Digital-Marketing-International-Designer-Bumms.

Ich nicke dann sehr aufmerksam und mein Kopf denkt sich: Ja, sag ich doch, irgendwas mit Medien.

Nachdem ich Doris also ausgiebig umarmt hatte, klatschte ich mit Alica ab. Das liegt nicht daran, dass ich Alica nicht mag, sondern dass ich eigentlich Umarmen nicht mag und nur für Doris eine Ausnahme mache.

Eigentlich mag ich Alica sogar sehr. Doris und sie sind seit drei Jahren zusammen und seitdem lacht Doris viel mehr als früher. Als Doris Alica das erste Mal mitgebracht hat, dachte ich von Weitem erst, Alica sei ein Mann, weil sie kurze Haare, schwarze T-Shirts und lässige Jeans trägt. Von Nahem hab ich es dann schon erkannt, an den Brüsten und auch irgendwie am Gesicht.

Heute wäre ich da vielleicht höflicher, aber vor drei Jahren meinte ich das dann auch zu ihr. „Du läufst ja rum wie ein Mann", habe ich gesagt. „Hab dich erst kurz verwechselt."

Meine Mum hat fast 'nen Herzinfarkt bekommen und wild mit den Händen gefuchtelt.

Aber Alica hat nur gelacht und gesagt: „Vielleicht laufen ja auch alle Männer rum wie ich."

Da konnte man dann wirklich wenig gegen sagen.

Auf jeden Fall sind Alica und Doris beide voll die Profis in Sachen Filmen und so. Deswegen habe ich mich MEGA gefreut, als Doris meinte: „Ralf, Birgit hat uns das mit deinem Kanal erzählt. Ist ja richtig gut! Wir können dir ein bisschen helfen, wenn du möchtest."

Ich mochte natürlich. Also setzten wir uns alle im Kreis auf die Sitzsäcke. Birgit machte jedem ein Malzbier auf.

„Erzähl mal, Ralf. Woran hakt es denn gerade?", fragte Alica.

„Na ja, ich bin mir nicht so sicher, ob wir einen DIY-Kanal machen sollen oder nicht", meinte ich.

„DIY? Das ist doch super!", rief Doris und Alica nickte eifrig.

„Ja, da kommt man wieder zurück aus dem Web ins ganz konkrete Real Life", fügte Alica hinzu.

Ich tauschte einen verwirrten Blick mit Momo. „Aha?", fragte ich.

„Jajajajaja", meinte Doris. „Ich hatte da gerade einen Kurs in der Uni drüber. Und Alica und ich machen ja selbst Kamera bei unserem Filmprojekt. Wir setzen dich richtig gut in Szene, Ralf! Wir könnten Origami machen. Da faltet man virtuos Papier zu wundersamen Figuren! Das wird Kunst!"

Na, wenn Doris und Alica das sagten. Wozu studieren die denn sonst irgendwas mit Medien.

Kapitel 14

"Moin, ich bin Ralf!"
"CUT!"

Ich habe mich echt erschrocken, weil Doris das plötzlich so laut in den Raum schrie, als hätte sie sich die Malzbierflasche auf den Fuß fallen lassen.

Aber Cut heißt anscheinend, dass man den Take stoppt. Der Take ist die Aufnahme. Man könnte es also auch Aufnahme 1 nennen und Stopp schreien. Aber wir sind ja Profis.

Doris schrie also wie ein Hooligan „CUT!" in den Raum und Alica stoppte die Aufnahme auf meinem Handy.

Doris zog die Luft ein, als hätte sie sich an etwas verbrannt. „Ich weiß ja nicht, Ralf. Ist das wirklich der beste Einstieg mit diesem ‚Moin, ich bin Ralf'? Haben wir originellere Alternativen?"

„Ich hätte da ein paar Ideen …", meinte Momo.

„Nee, die Eröffnung bleibt", sagte ich daraufhin schnell.

„Na gut", sagte Doris. „Aber vielleicht kannst du dabei ja mit den Händen so eine offene, einladende Geste machen. Dann zeigt deine Körpersprache, dass deine Viewer bei dir willkommen und gut aufgehoben sind."

„Äh, alles klar", sagte ich.

Take 2
„Moin, ich bin Ralf."
„CUT!"

„Ralf, ist nicht böse gemeint", sagte Doris. „Aber das sah aus, als würdest du ein Krokodil erwürgen. Kannst du es etwas sanfter machen? Mehr so wie ein Sonnengruß beim Yoga."

„Wie was?"

„Ist egal, ich würde es sowieso anders machen", schaltete sich jetzt Alica ein. „Ich würde das Ganze mit viel mehr Power machen. Also in jeder Szene einfach volle Energie!"

„Nein, das passt doch gar nicht zum Thema!", antwortete Doris und schaute Alica verärgert an. Die schaute verärgert zurück.

Zum Glück kam da Birgit dazu: „Ihr Herzen, darf ich da mal dazwischengehen? Ich finde, Ralf kann seine Zuschauer und Zuschauerinnen so begrüßen, wie er möchte, ja? Es ist schließlich sein Kanal, einverstanden?"

Doris und Alica waren einverstanden.

Take 3
„Moin, ich bin Ralf."
„CUT!"

„Was war denn jetzt wieder falsch?", fragte ich.

„War alles super, Ralf", meinte Doris. „Aber Alica, du hast echt nicht im besten Winkel gefilmt. Wir müssen das mehr aus Normalsicht und nicht mit der Vogelperspektive machen."

Ich fand, das klang sehr überzeugend von Doris. Alica fand das aber nicht. Es dauerte also eine ganze Weile, bis die beiden das ausdiskutiert hatten und wir weiterfilmen konnten.

Ihr könnt euch jetzt wahrscheinlich schon denken, dass aber auch der vierte Versuch nicht so gaaaaanz bis zum Ende ging. Auch nicht der fünfte und der sechste. Es gibt nämlich wirklich viele Gründe, weshalb man „CUT!" brüllen kann. Hier mal ein paar Beispiele:

Take 8
Doris gefällt der Hintergrund nicht.

Take 10
Doris gefällt der Hintergrund so irgendwie auch nicht.

Take 14
Doris gefällt die Beleuchtung nicht.

Take 15
Alica gefällt die Beleuchtung jetzt nicht mehr.

Take 16
Birgit gefällt die Stimmung im Raum nicht und wir sollen mal alle ein paar Minuten in uns gehen. Doris und Alica haben die Zeit genutzt, um sehr aufgeregt miteinander zu diskutieren.

Take 24
Mein Handy war noch auf Laut und plötzlich geht Heavy-Metal-Musik an, als mich eine unbekannte Nummer anruft. Wir versprechen der Regisseurin Doris, ab jetzt alle Störgeräusche zu vermeiden.

Take 27
Störgeräusch. Momo behauptet felsenfest, irgendeine Tür ist zugefallen. Aber er konnte uns nicht sagen, welche Tür das war. Und meistens stinkt es auch nicht, wenn nur eine Tür zugefallen ist.

Take 36
Ich habe jetzt so oft das Gleiche gesagt, dass ich mit „Ralf, ich bin moin!" angefangen habe.

Take 42

Doris hat jetzt so oft „CUT!" gebrüllt, dass sie einen Tee braucht. Alica meinte, sie braucht jetzt einen anderen Tee, und hat sich was von Birgits Schnapsregal genommen.

Bei Take 50 hat Birgit dann einen super Vorschlag gemacht: Egal, was passiert, niemand darf „CUT!" schreien. Es wäre ja gut, wenn wir die Eröffnung ein einziges Mal bis zum Ende drehen könnten. Das haben wir dann gemacht. Ich glaube, es fiel Alica und Doris echt schwer. Ich glaube, die Beleuchtung war auch nicht so gut. Und draußen hat ein Hund gebellt und einmal hab ich mich ein bisschen versprochen. Aber als wir uns die Szene dann noch mal zusammen angeguckt haben, fanden wir sie irgendwie alle gut.

Den Origami-Teil haben wir dann in Nahaufnahme auf die Hände gemacht. Das war super, weil ich ja nicht so der Experte darin bin und Momo mir dann helfen konnte.

Das war außerdem gut, weil ich echt nicht will, dass Doris und Alica Schluss miteinander machen.

Sobald wir nämlich mit Drehen fertig waren, waren sie wieder nett zueinander. Keine Ahnung, ob man das halt eben so macht.

Als ich zu Hause war, rief schon wieder die unbekannte

Nummer an. Diesmal ging ich ran und es war ein Herr Sauber dran, der mir einen neuen Staubsauger verkaufen wollte.

Ich brüllte nur „CUT!" und legte auf. Das war schon irgendwie ein gutes Gefühl und ging auch viel besser über die Lippen, als wenn ich „Stopp!" gerufen hätte. So langsam verstehe ich also, warum die Filmleute das so machen, wie sie es machen.

Kapitel 15

 hat echt keine Hobbys.

Okay, das stimmt nicht ganz, sie macht ja schließlich ihr Handarbeits-Ding, aber anscheinend ist das nur ihre zweitliebste Beschäftigung.

Am liebsten korrigiert sie nämlich Klassenarbeiten. Schon zwei Tage nachdem wir die geschrieben hatten, haben wir sie nämlich zurückbekommen. Und was soll ich sagen, Leute? Wegen mir hätte sie sich auch ein bisschen mehr Zeit lassen können. So ZWEI JAHRE wären vielleicht gut gewesen.

Ich habe eine 5- geschrieben. Es ist nur deswegen keine 6 geworden, weil ich einen halben Punkt in der letzten Aufgabe mit dem Stichpunkt „Verantwortung und Respekt" geholt habe. Aber freuen konnte ich mich darüber nicht.

Wie gesagt, ich bin nicht gut in Deutsch. Aber eine 5 hatte ich bislang nur ein Mal. Da war es aber eine 5+ und es war die allererste Klassenarbeit bei Frau Schweppers.

Da wussten wir halt noch nicht, dass wir dafür lernen mussten.

Ich habe mich also ganz schön doll geärgert. Vor allem weil Momo eine 2+ hatte. Eigentlich gönne ich ihm das ja, aber wir hatten doch genau gleich viel gelernt. Außerdem glaube ich, er hat nur so eine gute Note bekommen, weil Frau Schweppers übertrieben begeistert von Momos Handarbeit ist. Dann habe ich aber darüber nachgedacht, dass Momo das Projekt ja nur mir zuliebe gemacht hat und dann fand ich, hatte er die 2+ doch verdient.

Das änderte natürlich leider immer noch nichts an meiner vergurkten Note. Vielleicht hätte ich das lockerer genommen, wenn es wenigstens bei Youtube gut gelaufen wäre. Aber das neue Video, das sogar richtig schön mit Musik und allem von Alica zusammengeschnitten worden war, interessierte genauso wenig Leute wie der Hausaufgaben-Hilfe-Kanal. Ich hatte es gestern Abend hochge⌋ es hatte bislang fünf Aufrufe und keine Likes.

nicht wieder kommentiert.

irgendwie eine blöde Mischung: so-
Deutsch UND auf Youtube.

ꞈte war, dass Mia mich in der Pause einfach so grüßte. Sie winkte mir plötzlich aus der Ferne zu.

Ich dachte mir, schlechter kann's heute nicht laufen, und ging einfach mal zu ihr rüber. Kleiner Spoiler, Leute: Es konnte noch schlechter laufen.

Na ja, erst mal sahen wir uns an und sagten nichts. Mia grinste etwas verlegen und ich merkte, dass da oben auf ihren Wangen zwei rote Streifen waren. Hä, Mia war doch nicht etwa nervös wegen mir? Oder hatte sie mein Techno-Herz gehört und war deswegen verwirrt?

„Naaa, wie geht's?", sagte sie dann schnell.

Aber bevor ich antworten konnte, hörte ich plötzlich Julian neben mir brüllen: „Na, Leute! Habt ihr schon mein neuestes Video gesehen?! Wir hab CHALLENGE gemacht! Soo

Jetzt drehten sich alle z. Kreis um ihn. Der hatte sein H. zuschauen konnten. Es schauten ich und Mia, was soll man da scho.

In dem Video saßen sich Julian und sein Kumpel Sven mit Wasser im Mund gegenüber und der Kameramann hat so Witze vorgelesen wie:

Was ist gelb und kann schießen?

Eine Banone.

Ich kannte die alle schon. Die waren ja voll alt und die muss man nur einmal googeln. Aber Julian und Sven fanden das ja SOOOOO lustig und spuckten sich ständig mit Wasser voll. Irgendwie feierten alle das schon wieder, am meisten Julian selbst, und ich war wirklich SUPERGENERVT. Deswegen rutschte mir dann halblaut raus:

„Okay, wir haben's verstanden, du bist unser großer Held."

Das war wirklich SEHR, SEHR DUMM. Denn Julian hat es leider gehört. Er hielt sofort das Video an und drehte sich zu mir um:

„Sag mal, hast du 'n Problem oder so?!", fragte er.

„Nee", sagte ich kleinlaut und spürte, wie ich rot wurde, weil alle mich anguckten. Wo war eigentlich Momo? Am liebsten wäre ich einfach sofort unsichtbar geworden.

„Na, ein Glück, ich dachte schon, ich müsste gegen den Supersportler der Klasse antreten!", rief Julian hämisch und die Leute um ihn herum lachten.

Mia lachte zwar nicht, aber trotzdem war es mir so MEGAPEINLICH vor ihr. Julian drehte sich um und machte sein Video wieder an. Und ich machte, dass ich da wegkam.

Momo war gerade von der Toilette zurück. Er gab zu, dass er das Video auch schon gesehen hatte.

„Wenn wir so was machen würden, würden wir das mit eigenen Witzen machen", meinte ich. „Dann wäre es wenigstens was Neues."

„Ja, locker", meinte Momo.

Um uns das zu beweisen, fingen wir damit an, uns eigene Witze in der gleichen Art auszudenken. Wobei, eigentlich versuchte ich es zwar, aber mir fiel nichts ein. Nur Momo hatte irgendwie voll viele Ideen.

Momo: „Was ist grau und klaut gerne im Porzellanladen?"

Ein Stehlefant.

Momo: „Was ist gelb mit schwarzen Flecken und riecht gut?"

Ein Deopard.

Momo: „Was stinkt nach Furz und wird über 'nem Lagerfeuer gebraten?"

Ein Arsch-Mallow.

Momo: „Was macht Kleidung ordentlich und haut sich gerne mit Staubsaugern?"

Ein Prügeleisen.

Irgendwie nervte mich das gerade alles. Julian mit seinen tollen Ideen. Und sogar Momo, der alles besser wusste als ich. Dann hatte ich plötzlich auch eine Idee.

Ich: „Was stammt vom Affen ab und hat Angst vor Spinnen?"
Ein Momo Sapiens.

Momo: „Pff. Was schreibt Fünfen in Deutsch und macht dumme Witze?"
Ein Nichtsralfer.

Ich: „Was lässt sich von seiner Mutter noch die Schultasche packen?"
Ein Momo-Söhnchen.

Momo: „Wer macht Videos auf Youtube, kriegt aber keine Klicks?"
Ralf.

„Ist überhaupt nicht witzig!", sagte ich und ganz ehrlich: Es war wirklich nicht witzig. Ich musste plötzlich wieder dran denken, wie peinlich Julian mich vorhin vor Mia gemacht hatte. Und irgendwie konnte er sich das ja leisten. Ihr wisst noch? SUPERBELIEBT UND SUPERCOOL? Ja, mit seinem Kanal bestimmt. Mit meinen wenigen Aufrufen ganz bestimmt nicht. Und Momo musste da jetzt noch drauf rumhacken!

Wütend zog ich ab. Momo und ich redeten die letzten beiden Schulstunden nicht miteinander und sagten uns auch nicht Tschüss.

Als ich dann zu Hause saß, tat es mir irgendwie leid. Momo konnte ja nichts für meine versemmelte Deutscharbeit und für Julian und überhaupt.

Mit schlechtem Gewissen schnappte ich mir meine Nintendo-Switch, die ich Momo als Entschuldigung 'ne Woche ausleihen wollte. Ich fuhr mit dem Fahrrad zu ihm. Momo war aber nicht da. Er stand nämlich vor meiner Haustür mit einem Baklava-Snack.

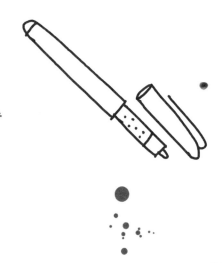

Kapitel 16

mussten wir heute eine GRUPPEN-ARBEIT machen. Unser Thema ist gerade die Französische Revolution. Und mit der Französischen Revolution ist nicht gemeint, dass es im Schulkiosk seit diesem Jahr Käsebaguette gibt, nee, das war eine HISTORISCHE EPOCHE. Das heißt, vor ein paar Hundert Jahren hatten die Franzosen keinen Bock mehr auf ihren König und haben ihn geköpft und das ist dann auch in ganz vielen anderen Ländern passiert. Es haben sich also die von unten gegen die ganz oben erhoben.

Das wäre quasi so, wie wenn alle plötzlich keinen Bock mehr hätten, dass Julian immer so eine Show abzieht und auf einmal dürften Momo und ich ein paar Ansagen machen. Oder wir würden beim Sport mal Badminton spielen. Na ja, oder halt doch Fußball und ich würde mal mit Kevin Warcek im Team sein und gewinnen. Auf jeden Fall wäre mal alles anders.

Julian würde natürlich nicht geköpft werden, sondern

müsste einfach mal für eine Weile die Klappe halten. Das wäre doch mal 'ne schöne Abwechslung.

Leider war die Französische Revolution aber schon über zweihundert Jahre her. Wir sollten also in der Gruppenarbeit den Verlauf der ganzen Sache GRAFISCH DARSTELLEN und dann der Klasse präsentieren.

Geschichte haben wir bei Herrn Magnus. Herr Magnus ist immer TOTAL BEGEISTERT von dem, was man macht. Und dann sagt er, was man aber AUCH NOCH BEACHTEN soll. Dann kann man das, was man schon gemacht hat, eigentlich wieder durchstreichen. Am Anfang waren wir noch voll motiviert durch Herrn Magnus und dachten echt, wir wären voll die Brains. Dann haben wir aber seine Taktik durchschaut und seitdem sind wir eher so in etwa gar nicht mehr motiviert.

Momo und ich machen unsere Gruppenarbeiten eigentlich immer mit Li und Pauline. Pauline war aber krank, deswegen haben wir Enrico dazubekommen. Das war echt bitter, weil die normale Gruppenarbeit eigentlich immer gleich abläuft. Moment, ich stelle euch das mal GRAFISCH DAR:

Noch 60 Minuten – Erst mal 'nen guten Platz suchen.

Noch 50 Minuten – Ja, ok, wir sollten mal anfangen, oder?

Noch 40 Minuten – Irgendwie sind wir bei einer Diskussion über was ganz anderes gelandet.

Noch 30 Minuten – Wir müssen auch mal Pause machen, man kann ja nicht eine Stunde am Stück durcharbeiten!

Noch 20 Minuten – Herr Magnus kommt, Momo kritzelt schnell etwas hin, was komplett falsch ist. Herr Magnus ist TOTAL BEGEISTERT. Dann sagt er, was wir aber AUCH NOCH BEACHTEN SOLLEN.

Noch 15 Minuten – Wir haben alles wieder durchgestrichen und fangen neu an.

Noch 10 Minuten – So langsam wird die Zeit knapp. Was genau war jetzt die Aufgabe?

Noch 5 Minuten – Panik!

Noch 3 Minuten – Pauline schreibt schnell die richtigen Lösungen hin.

Normalerweise ist das 'ne BOMBENSICHERE Taktik. Unsere Präsentationen gehören immer zu den besten und wir haben deswegen voll die guten mündlichen Noten in Geschichte. „Pauline schreibt schnell die richtigen Lösungen hin" geht aber eben nur, wenn Pauline auch da ist. Jetzt hatten wir stattdessen Enrico.

Enrico hatte zwar ein paar interessante Ideen zum Filmabend in der Schule – darüber haben wir nämlich diesmal bei „noch 40 Minuten" geredet – aber von der Französischen Revolution hat er genauso wenig Plan wie wir.

Filmabend? Ja, genau. Ein Mal im Jahr gibt es für den ganzen Jahrgang an einem Samstag einen Filmabend in der Schule mit Popcorn und einer riesigen Leinwand in der Aula. Den Film dürfen wir uns selber aussuchen. Deswegen gibt es immer schon Wochen davor Diskussionen darüber.

Also, natürlich dürfen wir uns nicht jeden Film aussuchen.

Letztes Jahr hat Lars aus unserer Klasse es fast geschafft, dass wir „28 Days Later" gucken. Er hat Frau Schweppers erzählt, dass es ein Liebesfilm ist, der im Monat Februar spielt. In Wirklichkeit ist es aber ein Film ab 18, voll mit hungrigen Zombies, und niemanden interessiert es, welcher Monat in dem Film gerade ist.

Frau Schweppers wäre auf Lars reingefallen, aber

leider hat die Lehrerin von Mias Klasse, Frau Luchs, es gemerkt. Frau Luchs guckt wohl nichts anderes als Horrorfilme und deswegen wusste sie sofort, was Sache war. Wir haben dann stattdessen eine Doku über die Erfindung des Buchdrucks geguckt. Ich glaube, das war Frau Schweppers Rache an uns allen.

Na ja, ich war eigentlich ganz froh drüber, weil Filme mit Zombies und so etwas überhaupt nicht mein Ding sind. Ich finde die halt einfach nur eklig. Und ich verstehe auch nicht, was so spannend an verwesenden Typen ist, die dir hinterherrennen wie erschöpfte Marathonläufer, die aus Versehen ihre Wasserflaschen mit Schnaps gefüllt haben.

Natürlich fand ich das mit dem Buchdruck auch nicht spannend, aber ich hab es mir halt lieber angeguckt als das mit den Zombies. Und Leute, als ich gehört habe, was auf DIESEM Filmabend vor dem Hauptfilm gezeigt werden soll, da hätte ich lieber gleich noch **fünf Mal** die Doku über den Buchdruck geguckt:

Julian präsentiert vor dem eigentlichen Film sein neuestes JulianHero-Video. Keine Ahnung, wie er das geregelt hat. Aber weil alle das ja soooooo toll finden, was Julian da auf Youtube macht, war das wahrscheinlich sogar ganz einfach für ihn.

Mann, die Neuigkeit musste ich erst mal verdauen. Das fühlte sich echt an, als hätte ich ein schlecht gewordenes Käsebaguette verdrückt.

Als wir zur Klasse zurückgingen, ist Enrico neben mir gelaufen und hat gefragt:

„Sag mal, Ralf. Ich habe dich und Momo vorhin kurz reden gehört. Und als ich deine Notizen gesehen habe ... also ... hast du 'nen eigenen Youtube-Kanal?"

„Äh. Wie kommst du denn darauf?"

„Hab ich doch gerade gesagt. Also hast du?"

„Äh, ja, keine Ahnung. Und wenn?"

„Ich wusste es! Mega! Brauchst du vielleicht Hilfe? Ich bin voll kreativ und so!"

„Ja, ähm, also wir kriegen das so schon ganz gut hin."

„Ganz sicher? Ich würd echt voll gern mitmachen."

„Ja, ganz sicher, Enrico. Ich kann da gar nichts machen. Weißt du, wir haben echt einen knallharten Global Chief Creative Officer."

„Einen WAS?", fragte Enrico.

„Egal. Die erlaubt das auf jeden Fall nicht, dass da so viele mitmachen, verstehst du?"

„Och Mann, schade."

Enrico sah echt ein bisschen geknickt aus, aber was sollte ich denn machen? Meine Lage gerade ist **wirklich** kompliziert.

Es hat sich da nämlich noch etwas ergeben: Seit ich einmal diesen kleinen Spruch über Julian gemacht habe, hat der Typ mich irgendwie IM VISIER.

Also, das ist nur so ab und zu mal ein kleiner Spruch beim Sport wie „Moormann ist schon vom Umziehen aus der Puste!" oder einfach nur so ein paar abfällige Blicke von ihm und seinen Kumpels. Aber wenn ich jetzt auch noch mit Enrico rumhänge, dann kann ich mir alle Chancen darauf, mal SUPERBELIEBT und SUPERCOOL zu sein, abschminken. Und wie soll das dann mit Mia was werden?

Außerdem hatte **Enrico** damals immer keine Zeit mehr für mich, nicht andersrum. Also ist er auch irgendwie selbst schuld. Oder? Was denkt ihr? Irgendwie hatte ich dann nämlich doch kurz ein schlechtes Gewissen. Besonders als ich Enrico fragte, ob er das bitte trotzdem niemandem erzählt mit meinem Kanal, und er einfach nur meinte: „Ja, keine Angst, ich verrate nichts. Kannst ja Bescheid sagen, wenn ihr doch noch jemanden braucht."

„Klar, mach ich", sagte ich und war froh, dass wir dann den Klassenraum erreicht hatten.

Unsere Präsentation ging ziemlich in die Hose. Momo rettete das Ganze noch ein bisschen, indem er anfing, ganz philosophisch über den Sinn von Gewalt zu schwafeln. Aber ich glaube, Herr Magnus hat schon gecheckt, dass wir keinen Plan hatten. Unsere mündliche Note hat also heute eher ein bisschen gelitten.

Das hat mich aber nicht halb so doll geärgert wie der Spruch, den Julian mir zum Schulschluss noch reingedrückt hat: „Grüß deine durchgedrehte Tante, Moormann!"

Ich meine, dass Birgit durchgedreht ist, stimmt zwar. Aber das darf nur ich sagen, und vielleicht Momo. Ich hoffe, Julian hat jetzt bald mal genug von diesen blöden Sprüchen.

Kapitel 17

> Also, langsam nervt es echt.

Und mit „es" meine ich alles. Okay, das klingt jetzt vielleicht ein bisschen doll. Aber erinnert ihr euch noch an meinen großen MASTERPLAN? Ja, nichts da. Und das nervt.

Ich kann euch ja mal meine Mimimi-Liste präsentieren. Mich nervt:

Julian. Er hat natürlich nicht genug von diesen blöden Sprüchen. Immer wenn es passt, kriege ich halt einen ab. Außerdem nervt mich:

Julian. Weil sein Kanal immer noch super läuft. Weil er sich dabei so unfassbar toll vorkommt. Weil er mir sogar noch den Filmabend in der Schule versaut. Außerdem nervt mich:

Julian. Weil seine ständige Angeberei mich auch daran erinnert, wie schlecht mein Kanal läuft. Es ist nämlich so, dass mein DIY-Video seit Tagen online ist, aber nur 17 Aufrufe und keine Kommentare oder Likes hat. Das ist echt so megaschlecht. Mittlerweile würde ich mich vielleicht sogar über Kommentare von Birgit71 freuen. Außerdem nervt mich:

Momo. Ja, ihr habt richtig gelesen. Und am meisten nervt es mich, dass er mich nervt. Er ist doch mein bester Freund. Aber irgendwie muss ich immer daran denken, wie er mir das mit diesen DIY-Videos aufgeschwatzt hat und was für ein Reinfall das bislang war. Und er meint halt wieder nur zu mir, wir müssen einfach ein bisschen abwarten, das wird schon. Ja, worauf soll ich denn noch warten, Momo?! Außerdem nervt mich:

Mia. Die nervt mich natürlich nicht. Die finde ich super (falls das hier noch niemandem aufgefallen ist). Aber es geht halt irgendwie so gar nicht voran mit ihr. Die Projektwoche war ja ganz gut und dann haben wir noch ein Mal so ein bisschen geredet, aber das hat sich seitdem im Sand verlaufen. Oder in Julians Gebrüll. Mia und ihre Clique hängen jetzt nämlich irgendwie jede Pause

bei Julian und seinen Kumpels rum und das stresst mich natürlich am allermeisten.

Ja, und vielleicht sagt ihr jetzt wirklich: Mimimi, Ralf, stell dich nicht so an. Aber wisst ihr was? Das macht es auch nicht besser. Es läuft halt einfach gerade nichts von dem, was ich mir vorgenommen habe, so, wie ich es mir vorgenommen habe. Irgendetwas muss ich daran ändern.

Kapitel 18

Oh nein, nein, nein, nein.

Jetzt ist alles vorbei.

Leute, ihr könnt euch gar nicht vorstellen, wie SCHIEF es heute gelaufen ist! Auf 'ner Skala von Minecraft-Block bis Banane war das heute bei 1000 Bananen, wirklich! Auf 'ner Skala von im Himmel bis im Eimer bin ich echt im Brunnenloch! Auf 'ner ... na ja, ich glaube, ihr wisst, was ich meine. Ich fange einfach mal von vorne an.

Eigentlich begann der Tag nämlich gar nicht so schlecht. Morgens habe ich auf mein Handy geguckt und mein Video hatte jetzt 27 Aufrufe. Das war zwar immer noch echt wenig, aber vielleicht hatte Momo ja recht: Langsam, aber sicher ging es nach oben. Also machte ich mich mit ganz guter Laune auf den Weg in die Schule.

Da ist die dann aber sofort auf einer Skala von Hochhaus bis Keller in die Kanalisation gesunken. Julian hat schon vor der ersten Stunde wieder irgendwas über JulianHero rumgeschrien und mir vor der halben Klasse eine doofe Bemerkung reingedrückt. In der ersten großen Pause gleich wieder. Er ging raus und musste unbedingt noch irgendetwas über meine Frisur sagen. Dabei ist mit der alles ok! Was sollte denn das?

Als dann die zweite große Pause kam, habe ich mir gedacht, ich gehe einfach mal schnell raus. Ich hatte nicht schon wieder Lust auf Julians Gerede. Aber irgendwie war er auch schnell draußen, und als ich auf den Flur ging, kam schon wieder ein Spruch: „Ey, Moormann, vielleicht solltest du einfach das Geld von deinem Friseur zurückverlangen!"

Das war nicht mal ein guter Spruch. Trotzdem lachten ein paar drüber und da bemerkte ich, dass im gleichen Moment Mia aus der Klasse gegenüber gekommen war und das mitbekommen hatte. Was sollte ich machen, ich konnte das nicht auf mir sitzen lassen!

Also drehte ich mich zu Julian um und sah ihm herausfordernd in die Augen: „Hast du eigentlich ein Problem?", fragte ich. „Nur weil hier mal einer deine Videos nicht mag, musst du den ja nicht gleich belästigen wie ein Idiot, oder?"

„Wie ein Idiot?!", wiederholte Julian, biss die Zähne aufeinander und machte einen Schritt auf mich zu.

Mir wurde ein bisschen mulmig. Wollte der sich jetzt kloppen?

„Ist irgendwas?", fragte Momo, der plötzlich dicht neben mir stand, und starrte Julian an. Julian machte direkt wieder einen Schritt nach hinten.

„Ach, jetzt kommt das Riesenbaby noch dazu!", meinte er nur verächtlich. Er sprach dabei aber so laut, dass alle drumherum es hören konnten. Und das waren mittlerweile irgendwie meine ganze Klasse UND Mias ganze Klasse.

„Ihr beiden seid doch einfach nur richtige Lappen!", redete Julian weiter. „Ihr seid neidisch auf meinen Youtube-Erfolg, das ist es doch!"

Alle Blicke waren auf uns gerichtet. Mega der Stress, wenn alle dich anstarren. Das fühlt sich an, als würden die sich jeden Moment auf dich stürzen. Und du musst schnell was Schlagfertiges raushauen. Ich suchte noch nach Worten, da feuerte Momo schon zurück:

„Pff, du wirst bald neidisch auf RalfTube ...", fing er an, brach ab, aber da war es schon zu spät. Mir wurde ganz anders.

„Auf WAS?!", fragte Julian und fing breit an zu grinsen.

„Auf nichts", sagte Momo.

„RalfTube?!", fragte Julian.

„Was?", fragte Momo. Aber wenn Momo eine Sache

nicht kann, dann ist es lügen. Es war so offensichtlich, dass er sich verplappert hatte.

„Hahaha, meinst du ...?!", fing Julian an und holte sein Handy raus. „Warte mal!"

Ich wollte irgendetwas sagen, um ihn aufzuhalten. So etwas wie: **Ich bin offizieller Feuerbeauftragter und Leute, es brennt! Alle raus hier!** Irgendetwas, um die komplette Katastrophe zu verhindern. Aber ich brachte kein Wort raus.

Da hatte Julian es auch schon gefunden:

„RalfTube?!", brüllte er. „Origami-Game?! Ahahahahaha, was ist DAS denn?!"

Ich meine, es war schon ziemlich offensichtlich, dass es ein Video über Origami war. Aber ich konnte immer noch nichts machen. Ich war echt wie eingefroren.

Julian kam gar nicht mehr klar. Er machte das Video an und alle drumherum konnten mitgucken und Julian lachte sich einfach nur schlapp. „Ahahahahaha, was ist das denn für ein lahmes Video?!", schrie er. „Und du faltest die Figuren ja nicht mal selbst, das sieht man an den Händen! Ahahahahaha! Was kannst du denn eigentlich?! Und wo sind denn deine Likes?! Ach was, du hast gar keine!"

Es war SO peinlich.

„Weißt du was?!", schrie Julian. „Ich gebe dir einen Like! Das ist doch schon mal ein Anfang! Dann bist du jetzt der neue Superstar: EIN-LIKE-RALFI!"

Jetzt hob er die Faust und fing an zu singen: „Ein-Like-Ralfi! Ein-Like-Ralfi!"

Seine Kumpels setzten ein und alle fanden es suuuuuperlustig. Nur ich eben kein bisschen. Ich hörte, wie alle um mich rum sangen. Und ich sah für eine Sekunde Mia direkt in die Augen, die mich einfach nur fassungslos anstarrte. Mein ganzer Körper war heiß und in meinem Kopf wirbelten die Gedanken durcheinander, als würde da ein Orkan drin rumtoben. Immerhin fand ich endlich meine Stimme wieder:

„Jaja, ich würde auch lachen, wenn ich keine Ahnung hätte", sagte ich laut und die Leute hörten kurz auf zu singen. Da musste ich schnell nachlegen!

„Ich ... ich hab das Video nämlich nur gemacht, um auszuprobieren, ob das mit dem Hochladen und dem Ton und so alles klappt!", sagte ich also. „Deswegen habe ich es ja auch niemandem gesagt, weil es noch gar kein richtiges Video war! Das war ja mit Absicht eins, auf das keiner klickt. Ist doch logisch!"

„Ist klar!" Julian schüttelte nur den Kopf. „Du bist Ein-Like-Ralfi, das kannst du ruhig zugeben!"

Er hob schon wieder die Faust in die Luft und bevor sie noch mal alle anfangen konnten zu singen, feuerte ich zurück:

„Pff, ich beweis es dir!", rief ich. „Ich fordere dich hiermit nämlich offiziell heraus! Du willst dein neuestes Video beim Filmabend zeigen? Tja, dann mach ich das auch. Und dann kann das Publikum abstimmen, ob es RalfTube oder JulianLoser besser findet!"

Julian sah mich amüsiert an. „Meinst du das ernst?!"

„Ralf, nicht!", zischte Momo neben mir. Aber der konnte mir sowieso gestohlen bleiben.

„Na klar!", sagte ich also. „Und wenn du verlierst, musst du meinen Kanal abonnieren und deinen Kanal für eine Woche JulianLoser nennen."

„Ha, passiert ja sowieso nicht! Aber na gut! Wenn du verlierst, musst du deinen Kanal für immer Ein-Like-Ralfi nennen, du abonnierst meinen Kanal und lädst ein Video hoch, in dem du dich als größter Fan von JulianHero outest! Haha, das hat dann wahrscheinlich mehr Aufrufe, als du sonst kriegen würdest! Deal?!"

„Pff, na gut, wir werden ja sehen, wer gewinnt!", meinte ich einfach nur und schlug in Julians ausgestreckte Hand ein. „Deal!"

Ja, Leute, ich weiß, das war ein bescheuerter Deal. Ich weiß auch, dass es bescheuert war, überhaupt Julian für den Filmabend übermorgen herauszufordern.

Aber standet ihr schon mal vor fünfzig Leuten, die euch alle anstarren, während man sich über euch lustig macht und eine von diesen fünfzig Leuten ist das tollste Mädchen des Sonnensystems? Falls ja, dann wisst ihr: Da denkt man nicht klar. Da denkt man überhaupt nicht, man macht einfach! Wahrscheinlich kann ich froh sein, dass ich nicht meine linke Hand oder so verwettet habe.

Aber Leute, im Ernst, ich bin nicht froh! Ich bin wirklich richtig fertig. Und wütend. Vor allem auf

Momo. Das soll mein Manager sein, der so mir nichts dir nichts vor allen mein größtes Geheimnis ausplaudert? Selbst Enrico konnte seinen Mund halten. Momo hat mich einfach nur in die Pfanne gehauen.

Wäre das wenigstens ein gutes Video auf meinem Kanal gewesen, aber auf Birgit ist ja auch kein Verlass und wir produzieren nur so langweiligen Mist, den keiner anguckt! Ich hab's natürlich sofort nach der Sache mit Julian gelöscht. Aber wie soll ich das mit dem Filmabend und meinem Kanal jetzt noch hinbekommen? Mit Momo und Birgit ganz sicher nicht! Aber ich habe auch selbst keine Idee! Meine Liste mit Ideen sieht nämlich genau so aus:

1. LISTEN KANNST DU ECHT VEGESSEN, EY!

Kapitel 19

 war ein komischer Tag.

Wirklich, Leute, ich finde kein anderes Wort dafür als komisch, weil schlecht nicht hinkommen würde, gut aber auch nicht. Aber auch kein so ähnliches Wort. Ja, irgendwie kann man es so nicht beschreiben, ich erzähl euch einfach, was passiert ist.

Nachdem ich gestern die glorreiche Idee gehabt hatte, Julian öffentlich herauszufordern, war ich den ganzen Tag einfach nur am Ende. Momo hatte zwölf Mal versucht, mich anzurufen, und Birgit drei Mal. Ich war natürlich nicht rangegangen, die konnten mir alle echt gestohlen bleiben!

Ich war so durch den Wind, dass ich nachts nicht ein Auge zutun konnte. Immer und immer wieder ging mir durch den Kopf, wie Julian mich am Samstagabend vor aller Augen einfach nur so hart auslachen würde und wie ich für immer Bin-Like-Ralfi heißen würde.

Am nächsten Morgen wollte ich nicht in die Schule. Da ich ja eh schon wach war, stand ich auf, und schrieb zehn kreative Ausreden auf, weshalb man leider nicht zur Schule gehen konnte.

Ich schlurfte mit dem Zettel an den Frühstückstisch zu meinen Eltern und brauchte gar keine Ausrede, um zu Hause zu bleiben. Weil ich ja die ganze Nacht nicht geschlafen hatte, sah ich anscheinend so 28-Days-Later-Zombie-mäßig aus, dass ich nur sagen musste: „Krank."

Meine Mum rief schnell in der Schule an und schickte mich wieder zurück ins Bett.

Da gammelte ich dann vor mich hin und meine Laune wurde einfach nur immer schlechter. Ich wusste gar nicht, dass das geht. Ein paar Mal vibrierte mein Handy, weil Momo mir schrieb. Ich guckte mir die Nachrichten nicht an. Ansonsten passierte einfach gar nichts.

Mittags kamen dann meine Mum und mein Dad nach Hause. Es war Freitag und da machten sie immer ein bisschen früher Feierabend. Aber SO früh?

Meine Eltern holten mich zu sich an den Wohnzimmertisch und guckten mich mit sehr ernsten Mienen an. Dann ging es los:

Anscheinend hatte Frau Schweppers bei meiner Mum angerufen und ihr gesagt, wie meine Deutscharbeit gelaufen ist und wie mein Verhalten im Unterricht in letzter Zeit überhaupt aussieht. Das mit der 5- musste ich wohl vergessen haben, meinen Eltern zu erzählen. Die fanden das natürlich gar nicht lustig.

Aber ich war echt nicht in der Laune, Ärger zu bekommen. Ich hatte die schlechte Note ja nicht mit Absicht geschrieben oder so.

Und dann fingen meine Eltern an von wegen, sie machen sich Sorgen um mich. Und das sei ja alles eigentlich seit dieser Youtube-Sache losgegangen. Und vielleicht müssten sie mir das mit Youtube dann doch verbieten.

Da ist in mir drin etwas ganz Komisches passiert. Ich war ja den ganzen Tag in diesem Modus gewesen: Ich gammel mit mieser Laune vor mich hin und fürchte mich vor morgen.

Aber als meine Eltern dann mit dem Youtube-Verbot um die Ecke kamen, da war ich plötzlich in diesem Modus: Ich bin so wütend wie ein roter Angry Bird!

Ganz plötzlich sprang ich auf und rief: „Ihr habt mir doch erst Birgit aufgebrummt und überhaupt! Lasst mich doch einfach in Ruhe!!!"

Dann rannte ich raus und knallte die Tür hinter mir zu.

Wahrscheinlich waren meine Eltern genauso überrascht wie ich. Ich rannte also nach oben in mein Zimmer und ich war irgendwie voll aufgeladen. Als wäre ich gerade in einen Boxring gestiegen und gleich geht der Kampf los. Die wollten mir das alles kaputt machen mit meinem großen Traum, aber nicht mit mir! Was konnte ich denn schon dafür?

Das mit den Videos war doch gar nicht wegen mir so schiefgelaufen, sondern weil mir ständig alle reingeredet hatten. Birgit mit ihrem Hausaufgaben-Hilfe-Kanal, Momo mit seinem DIY-Mist, Doris und Alica mit ihrem Medienquatsch und meine Eltern mischten sich jetzt auch wieder ein! So konnte das ja nichts werden! Ich würde jetzt die Sache selbst in die Hand nehmen und ich würde ein Video drehen, gegen das JulianHero so alt wie die Kaugummis unter den Bänken der Sportumkleide aussehen würde. Jetzt war meine Zeit gekommen!

Ich brauchte nur noch die perfekte Idee, um loszulegen. Zum Einstieg durchsuchte ich erst mal meine Notizen und da fand ich auch die Liste mit Kanalideen, die Momo und ich am Anfang mal gemacht hatten. Das meiste davon war natürlich Mist, aber als ich mir Idee Nummer 8 noch mal anguckte, wurde es interessant: „Wir machen einen Prank-Channel". Der einzige Grund, warum wir das nicht gemacht hatten, war, weil Birgit das doof fand. Aber Birgit hatte bei mir jetzt gar nichts mehr zu melden.

Natürlich! Das war nicht so ein langweiliger Kram. Das geht immer auf Youtube. Damit kriegt man Likes und damit ... ja, damit konnte ich Julian vielleicht schlagen!

Plötzlich war ich richtig aufgeregt. Jetzt brauchte ich nur noch ... schon wieder vibrierte mein Handy. Wahrscheinlich die tausendundeinste Nachricht von Momo. Nee, auf den hatte ich jetzt erst recht keine Lust. Ich griff aber nach dem Handy, um die Vibration auszustellen, da sah ich, dass die neueste Nachricht nicht von Momo, sondern von Enrico war:

„Hey Ralf habe das gestern in der Schule mitbekommen wenn du Hilfe beim neuen Video rauchst sag Bescheid ☺"

Da Enrico soweit ich weiß genauso wenig raucht wie ich, bin ich mal davon ausgegangen, dass er mir einfach helfen wollte und nur ein b vergessen hatte. Und ohne weiter drüber nachzudenken, schrieb ich:

„Ja ok wann hast du Zeit?"

„Jetzt ☺"

„Ok ich komm vorbei bis gleich"

Kapitel 20

"Das war" meine Chance. Schnell überlegte ich mir etwas für den Prank, schnappte mir mein altes Mini-Megafon mit dem roten Buzzer und fuhr mit dem Fahrrad zu Enrico. Ich dachte nicht groß nach, ich machte einfach. Es war, als hätte Bald-Youtube-Superstar-Ralf die Kontrolle übernommen und regelte das Ganze, während der Normal-Ralf irgendwie einfach nur mitmachte.

Enrico öffnete mir die Tür und grinste breit. „Voll cool, dass ich dabei sein darf!"

„Ja", sagte ich nur und ging mit Enrico zusammen in sein Zimmer.

Es war ganz anders, als ich es in Erinnerung hatte. Das Bett war auf der anderen Seite und vor dem Fenster stand jetzt ein Schreibtisch mit einem RIESIGEN Bildschirm. Youtube war darauf aufgerufen.

„Habe ich neu den Bildschirm", meinte Enrico stolz. „Ist ein 35 Zoll FreeSync Ultra-HD mit HDR, 240 Hertz und natürlich curved."

„Ah ja", meinte ich nur.

„Also, was machen wir?", fragte Enrico. „Hier, nimm erst mal ein bisschen Energie, brauchen wir jetzt ja." Er hielt mir ein eingepacktes Traubenzuckerstück hin.

„Äh, danke", sagte ich, nahm es, packte es aber in die Jackentasche. „Vielleicht brauch ich ja später Energie."

„Okay", meinte Enrico. „Also, also?"

„Ja, ich wollte mit einem SOZIALEN EXPERIMENT anfangen. Du wärst der erste Teilnehmer", fing ich an.

„Super", meinte Enrico.

Und dann zögerte ich plötzlich. Ja, ich stand da und konnte irgendwie nicht anfangen. Was war los? Mir kamen doch jetzt nicht etwa Zweifel oder so was?

„Na los, worauf wartest du?", fragte Enrico.

„Auf nichts", meinte ich. „Darf ich mal?" Schnell gab ich etwas bei Youtube ein. Ein Video mit blauem Himmel und schönen bunten Blumen erschien. „Das Video hier musst du dir einfach nur ganz konzentriert angucken und die Blumen zählen und ich filme dich dabei, okay?"

„Aaaaaah, das kenn ich", meinte Enrico und gluckste. „Da kommt dann irgendwann ein Monster oder so ins Bild."

„Bist du trotzdem dabei?", fragte ich.

„Haha, na klar, stell die Kamera scharf!", rief Enrico und setzte sich auf seinen Schreibtischstuhl. Er war bereit.

Ich auch? Musste ich sein. Ich stellte mein Handy als Kamera auf Enrico ein und startete die Aufnahme. „Kamera läuft", sagte ich.

„Okay, dann mach ich auch mein Video an", sagte Enrico eifrig. „Mal sehen, wie viele Blumen ich zähle", gluckste er und zwinkerte mir zu.

Dann drückte er auf Play, machte auf Vollbildmodus und fing an, die Blumen zu zählen.

„5 ... 6 ... oh Mann, gleich kommt das Monster, hahahaha ... 7 ... 8 ..."

Ich schlich mich unauffällig hinter ihm vorbei auf die andere Seite.

„14 ... 15 ... haha, ich halt's nicht aus, hahaha ... 16 ..."

Ich holte lautlos mein Mini-Megafon mit dem roten Buzzer aus der Tasche.

„... 23 ... 24 ... wann kommt es denn endlich? ... 25 ..."

Ich hielt das Mini-Megafon direkt neben Enricos rechtes Ohr und drückte den Buzzer.

Selbst ich erschreckte mich, so laut war der Signalton. Enrico aber, der ja voll auf das Video konzentriert war, haute es völlig aus den Socken:

„Aaaaaaaaaaaaaaah!", schrie er, machte einen riesigen Satz aus dem Schreibtischstuhl und riss die Arme in die Luft wie bei einer La-Ola-Welle.

Es war natürlich die perfekte Reaktion für das Prank-Video. Wofür die Reaktion nicht perfekt war: für Enricos neuen Bildschirm.

Seine La-Ola-Arme in Kombi mit dem Satz aus dem Schreibtischstuhl wären bei „Just Dance" auf der Playstation zwar ein toller Move gewesen, aber hier in seinem Zimmer fegte er damit leider den Bildschirm von seinem Schreibtisch. Mit einem ohrenbetäubenden Krachen schepperte das Ding auf den Boden.

Danach war es plötzlich ganz still. Enrico und ich standen wie gelähmt da und starrten auf den Bildschirm, dessen Vorderseite komplett zerschmettert war. Stille.

„Mein Bildschirm ...", sagte Enrico und ich sah, dass er echt Tränen in den Augenwinkeln hatte. „Da hab ich voll lange drauf gespart."

„Ja, das...", fing ich an, ich hatte überhaupt keine Ahnung, was ich sagen sollte. „Das ist ja blöd gelaufen jetzt. Das ... das konnte ich ja nun echt nicht ahnen, dass du den gleich abräumst."

„Nee, konntest du nicht", meinte Enrico mit dünner Stimme und starrte immer noch auf den kaputten Bildschirm am Boden.

Ich musste da raus. „Also, ich muss dann auch", stammelte ich. „Danke noch mal und ich meld mich."

„Ja", sagte Enrico nur. Ich glaube, er kämpfte immer noch mit den Tränen. „Bis dann."

Ich schnappte mein Handy und meine Jacke und machte, dass ich wegkam. Da war so ein komisches drückendes Gefühl in meiner Brust und ich hielt das einfach nicht aus. Ich stieg auf mein Rad und raste in Weltrekordzeit nach Hause.

Oben in meinem Zimmer schmiss ich mich aufs Bett und mir war ganz komisch. Ich bekam megaschlecht

Luft und konnte vor meinen Augen sehen, wie Enrico sprachlos auf seinen zerschepperten Bildschirm starrte. Das war natürlich **nicht** Teil des Plans gewesen. Das war so etwas von **überhaupt nicht** Teil des Plans gewesen.

Ich nahm mein Handy und ließ das Video noch mal ablaufen. Und Leute, versteht mich jetzt nicht falsch, so meine ich das nicht: Aber wenn man nicht beachtete, dass Enricos Bildschirm am Ende halt nicht mehr zu gebrauchen war, war das Video **echt** lustig. Es sah aus, als käme er direkt aus einer Cartoon-Serie, wie er da aus seinem Stuhl sprang und den Schreibtisch abräumte. So ähnliche Pranks hatte ich schon auf Youtube gesehen und die hatten **Millionen** Aufrufe – ich übertreibe nicht.

Aber ... konnte ich das bringen? Ich meine, Enrico hatte ja gesagt, er will mitmachen. Ich konnte ja nun wirklich nicht ahnen, dass **so was** passiert, und schließlich hatte **er** das Ding runtergeworfen, nicht ich. Und der Bildschirm war jetzt ja sowieso kaputt, das konnte man nicht mehr rückgängig machen. Das hieß, wenn ich das Video nicht hochstellte, wäre es doppelt umsonst gewesen. Aber das konnte ich doch nicht wirklich machen, oder?

In dem Moment kam eine Push-Nachricht rein: „AN-KÜNDIGUNG Empfohlen: **JulianHero**".

Ich konnte nicht anders, ich klickte auf das Video. Es war nur 19 Sekunden lang und Julian sprach in die Kamera:

„Hey, Leute, das ist nur ein kurzes Ankündigungsvideo! Morgen Abend gibt es hier auf dem Kanal mein bislang BESTES Video! Das wird SO geil! Einige von euch werden bestimmt live dabei sein, die anderen können es dann direkt hier auf dem Kanal angucken! Ich freu mich auf euch! Und natürlich auf Ein-Like-Ralfi!"

Ich schloss das Video und feuerte mein Handy ans Ende des Bettes. Das war alles so bescheuert! Das war alles SO, SO, SO ABSOLUT ENDLOS BESCHEUERT!!!

Was blieb mir denn für eine Wahl? Das Video von Enrico war meine einzige Chance und es war auch noch eine sehr gute Chance. Am besten stellte ich es jetzt schon einmal hoch, dann würde Julian aus allen Socken fallen, wenn das morgen angezeigt wird und schon mehr Klicks hat als alle seine Videos zusammen. Nervös griff ich wieder nach meinem Handy.

Ich rief meinen Account auf und bereitete das Video für den Upload vor. So, alles fertig, ich musste nur noch bestätigen. Auf einmal wurde mir ganz heiß. Das lag wahrscheinlich daran, dass ich in Weltrekordzeit nach Hause gerast war und meine Jacke immer noch anhatte. Schnell zog ich sie aus, dann würde das mit der Luft bestimmt auch gleich besser. Da fiel etwas aus meiner Jackentasche.

Vor mir auf der Bettdecke lag das Traubenzuckerstück von Enrico, das ich eingesteckt hatte. Ein kleines weißes Viereck in einer Plastikhülle.

Und dann passierte plötzlich etwas ganz Komisches mit mir.

Ich starrte dieses Traubenzuckerstück an. Dann starrte ich auf mein Handy, wo ich nur noch drauftippen musste, um das Video hochzuladen. Dann starrte ich wieder auf das Traubenzuckerstück.

Und plötzlich sah ich Enrico vor mir in der Schule bei der Klassenarbeit sitzen, wie er mit zittrigen Fingern die Folie von so einem Traubenzuckerstück abpult, damit er die Sache durchsteht. Und dann musste ich daran denken, wie zittrig seine Hände wohl wären, wenn ich das Video hochlade und alle sich über seinen Fail amüsieren, und wie viele Traubenzuckerstücke er wohl bräuchte, um damit klarzukommen. Ich konnte plötzlich fühlen, wie er sich fühlen würde, wenn alle das Video im Internet angucken könnten. Und in dem Moment rief Momo zum siebenundzwanzigsten Mal seit gestern an und ich konnte plötzlich fühlen, wie er sich fühlen musste, weil er sich doch einfach nur verplappert hatte und sich entschuldigen wollte und sein bester Kumpel ihn wie Luft behandelte. Und ich konnte plötzlich fühlen, wie ich mich fühle.

Mit diesem ganzen Youtube-Stress. Ich wollte das doch am Anfang zusammen mit Momo machen, weil wir richtig Lust drauf hatten. Ja, natürlich auch, damit ich ein Superstar werde, aber wir hatten eben einfach richtig Bock drauf und Spaß dran. Und jetzt? Jetzt hatte ich nur noch Angst und spürte so einen Druck auf meinen Schultern, als hätte sich da ein bescheuerter Stehlefant draufgesetzt. Ich dachte daran, wie genervt ich am Ende nur noch von Birgit und Momo und allen gewesen war und merkte irgendwie, wie doll das mit diesem Gewicht auf meinen Schultern zu tun hatte.

Und ich weiß, das ist vollkommen bescheuert, es war nur ein Traubenzuckerstück, auf das ich da starrte. Aber ich kam einfach nicht mehr klar. Ich fing so richtig an zu heulen.

Ich heulte echt, was das Zeug hält. Ich heulte wie ein 3-jähriger kleiner Junge und war überhaupt nicht mehr ein 13-jähriger angehender Youtube-Star.

Aber wisst ihr was? Das tat richtig gut.

Meine Eltern kamen rein. Nicht, weil ich so laut geheult hatte, sondern weil Birgit ihnen wohl gesagt hatte, sie sollten mal nach mir schauen. Und es tat sogar gut, sich von meinen Eltern trösten zu lassen.

Und es war mir danach auch nur mittelmäßig peinlich.

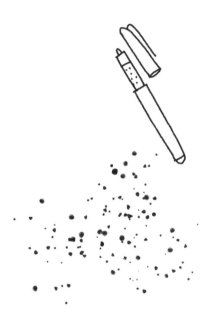

Kapitel 21

Als ich mich wieder beruhigt hatte, löschte ich als Erstes das Video von Enrico auf meinem Handy. Dann dachte ich darüber nach, wie ich die Sache wieder ein bisschen okay machen konnte. Und damit meine ich nicht den blöden Video-Wettbewerb mit Julian, der war mir jetzt gerade einfach völlig egal. Ich wollte mich irgendwie ordentlich bei Enrico entschuldigen.

Da hatte ich eine Idee. Ich weiß zwar nicht, wie viel ein 5986-Zoll-TKKG-Laserschwert-Bildschirm kostet, aber soooo viel teurer als eine Nintendo-Switch konnte der ja auch nicht sein. Meine Switch hatte ich zum Geburtstag bekommen, die war also fast wie neu, und wenn ich die beim Elektro-Gebrauchtwarenhändler in der Stadt verkaufen würde, könnte ich Enrico seinen Bildschirm ja ersetzen.

Natürlich war das doof, weil ich meine Switch echt mag. Aber ich wollte das trotzdem so.

Meine Eltern fragten mich, ob ich mir ganz sicher bin,

vielleicht könnten wir ja auch noch eine andere Lösung finden. Ich war mir ganz sicher.

Dann meinten sie, wenn es Probleme gibt, soll ich Bescheid sagen. Ich wusste nicht genau, was sie damit meinten, sagte aber einfach: „Okay."

Als ich beim Elektro-Gebrauchtwarenhändler war, wusste ich, was sie gemeint hatten. Der wollte mir nämlich nur 50 Euro für meine Switch geben. Er guckte sie sich an, schüttelte sie einmal und meinte: „Ja, die ist schlecht verbaut, 50 ist alles, was ich dir dafür geben kann."

„Echt?", fragte ich verwirrt.

„Ja, Kleiner, und damit tu ich dir noch einen Gefallen", antwortete der Händler und kratzte sich an seinem Bart.

„Okay, ich überlege kurz", sagte ich.

„Aber nicht zu lange", meinte er.

Ich schrieb meiner Mum also eine SMS (Whatsapp kriegt die irgendwie nicht geregelt), wo ich ihr kurz die Lage beschrieb. Normalerweise hätte ich das alleine versucht hinzubekommen oder mich vielleicht auch einfach abziehen lassen, aber heute war so ein komischer Tag, da brach ich einfach mal die Regeln.

Alles, was meine Mum zurückschrieb, war: „Alles klar. Ich schicke Tante Claudia."

Für den Text hatte meine Mum zwar etwa fünf Minuten gebraucht, was mir ziemlich unangenehm war, weil der Händler mich die ganze Zeit misstrauisch beobachtete und sogar einmal fragte: „Ja, also machen wir das jetzt, oder wie?"

Aber ich wartete dann einfach draußen und zehn Minuten später war auch schon Claudia da. Und Leute, was soll ich sagen: Ich glaube, ich habe mich bei Claudia geirrt.

Sie mag mich doch leiden. Was sie aber anscheinend auch gerne leiden mag: verhandeln, als wäre sie direkt aus einem Wrestling-Event gesprungen.

Claudia kam an, stürmte in den Laden, und hat den Händler aber mal so richtig ZUSAMMENGEFALTET. Was ihm denn einfalle, hier Kinder abziehen zu wollen, und dass sie ihn dafür dranbekommen könne und so weiter. Das mit dem „Kind" überhörte ich einfach mal. Hey, ich bin immerhin schon dreizehn! Aber es war okay, weil Claudia den Kerl so klein machte, dass er mir die Switch für einen Preis abkaufte ... ähm na ja, so viel bezahlt man nicht einmal für eine neue.

„Das können wir öfter machen", sagte Claudia, als wir rausgingen, und klopfte mir auf die Schulter.

Vielleicht hatten Claudia und ich vorher einfach noch nicht das richtige gemeinsame Hobby gefunden.

Ich fuhr mit dem Geld direkt zu Enrico und klingelte bei ihm.

„Was willst du denn?", fragte er und klang dabei halb ärgerlich, halb verwirrt.

Ich hielt ihm das Geld und meine freie Hand hin und erklärte, dass es mir leidtut und dass ich dafür meine Switch verkauft habe und dass ich ein absoluter Idiot gewesen bin, weil ich ihn so ausnutzen wollte.

Enrico sah mich noch eine ganze Weile misstrauisch an. Wahrscheinlich dachte er, ich mache vielleicht gleich ein zweites Prank-Video hinterher. Als er dann aber checkte, dass ich es wirklich ernst meinte, fing er an zu grinsen.

„Okay, ich nehme die Entschuldigung an", sagte er und schlug ein.

Das Geld nahm er aber nicht. Also, nicht alles. „Meine Eltern haben den Bildschirm, ohne dass ich es wusste, versichert. Dein Geld hätte eh nicht gereicht."

„Echt jetzt?", fragte ich.

„Da habe ich zwei Jahre drauf gespart. Das ist ein 35 Zoll FreeSync Ultra-HD mit HDR und 240 Hertz."

„Ach so, klar."

Enrico griff sich einen 20-Euro-Schein aus meiner Geld-Hand. „Aber den nehme ich für 'ne neue Cutting-Software."

Da hatte ich natürlich nichts gegen. Ich glaube, mit Claudias Deal habe ich selbst danach noch Plus gemacht.

"Willst du noch was daddeln oder so?", fragte Enrico.

"Nee, tut mir leid, ich muss dringend weiter, wirklich. Gerne wann anders", meinte ich. Das war auch echt keine Ausrede. Ich hatte wirklich noch etwas sehr Wichtiges zu tun.

Als ich fünfzehn Minuten später bei Momo klingelte, war ich so nervös, dass ich mir die schweißnassen Hände an der Hose abwischen musste.

Momo machte die Tür auf und er sah mindestens so elendig aus, wie ich mich nach meiner Nacht ohne Schlaf gefühlt hatte.

"R-Ralf", stammelte er. "Was machst du denn hier?"

"Na, was soll ich schon machen", sagte ich, weil mir irgendwie die Worte fehlten.

"Ich dachte, du redest nie wieder ein Wort mit mir oder so", meinte Momo.

"Hä, du bist nicht sauer, weil ich dich zwei Tage wie Luft behandelt habe?", fragte ich.

"Hä, du bist nicht sauer, weil ich mich verplappert und dich damit so richtig in die Scheiße geritten habe?", fragte Momo.

"Na ja", sagte ich. "War ich erst schon. Aber habe

es ja wohl voll übertrieben. Du wolltest mir ja eigentlich helfen."

„Ja, stimmt, wollte ich!", sagte Momo eifrig. „Aber das ist ganz schön in die Hose gegangen", meinte er dann und ließ die Schultern hängen.

„Ich war doch mindestens genauso dämlich", meinte ich.

„Ja", meinte Momo. „Das warst du wirklich."

Damit war die Sache für uns irgendwie geklärt. Wir gingen rein, um noch ein bisschen rumzuhängen.

„Und was machst du jetzt wegen morgen?", fragte Momo.

„Nichts", sagte ich.

„Echt?"

Ich zuckte mit den Schultern. „Dann bin ich eben Ein-Like-Ralfi. Kann ich halt nicht ändern."

Es war mir natürlich überhaupt nicht so egal, wie ich tat. Aber was sollte ich schon machen? Ich würde ganz sicher nicht jetzt auf die Schnelle noch ein Video drehen, mit dem ich mich nur noch mehr blamiere. Und andere Leute so ehrenlos mit reinziehen wie bei Enrico hatte ich genauso wenig vor.

Ja, morgen würde alles andere als lustig werden. Aber zum Glück war ich gerade einfach zu erschöpft, um mir darüber zu sehr 'nen Kopf zu machen.

Lange hingen wir dann auch nicht mehr rum. Momo hatte nämlich ganz vergessen, dass er Bruder-Schwester-Wochenende mit Nesrin hatte und das fing immer am Freitagabend an. Also machte ich mich auf den Weg nach Hause.

„Ey, Ralf", sagte Momo noch, als ich schon halb aus der Tür war.

„Ja?"

„Bin ... bin ich denn trotzdem noch dein Manager?"

„Na klar. Wenn du möchtest. Halt nur von einem leeren Kanal."

„Manager ist Manager", meinte Momo, bevor er die Tür zumachte, und wo er recht hatte, hatte er recht.

Kapitel 22

 Ich glaube, ich hatte mit allem gerechnet, aber nicht damit.

Heute war ja Samstag und Samstag hieß Filmabend in der Schule. Na gut, erst mal hieß Samstag für mich Eeeeeewigkeiten schlafen, weil ich ja eine ganze Nacht nachholen musste.

Als ich endlich aufstand, ging es mir zwar besser als gestern Früh, aber Lust hatte ich trotzdem nicht auf meine Niederlage.

Ich wusste irgendwie nicht so richtig, was ich machen sollte.

Also schrieb ich Momo eine Whatsapp, aber der war ja mit Nesrin beschäftigt und antwortete nicht. Ich hatte deshalb leider noch ein bisschen zu viel Zeit, um über den Abend nachzudenken. Über das Unvermeidliche. Ich überlegte sogar noch kurz, ob ich es vielleicht doch einfach vermeiden sollte.

Aber schließlich entschied ich mich, meine Niederlage anzunehmen WIE EIN MANN und hinzugehen. Dann musste ich daran denken, wie Claudia den Mann vom Elektro-Gebrauchtwarenladen zusammengefaltet hatte, also passte die Formulierung wie ein Mann wohl nicht so ganz. Ich entschied mich deswegen, meine Niederlage anzunehmen wie eine Claudia.

Mit erhobenem Kopf ging ich also abends in die Schule und ignorierte das dumme Grinsen, das Julian mir schon aus zehn Metern Entfernung zuwarf.

Ich ging zu Momo, der weiter hinten in der Aula mit Enrico rumstand.

„Warum hast du deinen Anzug an?", fragte ich ihn verwirrt. Gefühlt war das Teil noch größer geworden, man konnte nicht einmal Momos Hände sehen.

„Anzug ist Anzug", meinte Momo und grinste doof. „Und Manager ist Manager."

Und bei dem doofen Grinsen hätte ich dann vielleicht spätestens etwas ahnen müssen. Aber in dem Moment brüllte Julian schon durch die Aula:

„So, meine Damen, meine Herren! Herzlich willkommen zum diesjährigen Filmabend! Kommt nur näher ran!"

Jetzt drängten sich alle zu einer großen Gruppe vor der Leinwand. Der ganze Jahrgang! Drei verschiedene

Klassen und gar nicht so weit von mir entfernt natürlich auch – Mia.

Sie guckte nur in Richtung Julian und schaute nicht eine Sekunde zu mir rüber. Und als ich das sah und auch die ganzen Leute drumherum, da wurde mir plötzlich doch wieder ganz anders. Durchhalten, durchhalten, durchhalten, sagte ich mir. Wenn ich jetzt wegrennen würde, wäre es NOCH PEINLICHER.

„So, bevor der eigentliche Film anfängt, haben wir noch einen kleinen Wettbewerb auszutragen!", schrie Julian uns an. „Ladies first, würde ich sagen!" Er machte eine Geste in meine Richtung und einige Leute lachten. „Haha, ach was, nö! Ich will euch endlich mein neues Video zeigen – ich fang an!", brüllte er dann.

Julians Video hieß Flachwitz-Trickshot-Challenge und Julian machte mit Wasser im Mund Trickshots und versuchte dabei, nicht über die vorgelesenen Flachwitze zu lachen.

Ab und zu hörte ich Leute in der Menge losprusten, am häufigsten natürlich Julian selbst. Ja, aber auch der Rest schien sich insgesamt zu amüsieren. Nur kurz vor Schluss hörte ich neben mir zwei Leute aus Mias Klasse miteinander flüstern: „So etwas Ähnliches hat er doch alles schon gemacht. Wird langsam bisschen langweilig, oder?"

Genau! Das fand ich auch! Aber die meisten schienen das halt eben noch nicht langweilig genug zu finden. Na ja, und es war eben auch besser als nichts. Wortwörtlich!

„So, danke, danke, danke, vielen Dank!", brüllte Julian, als sein Video fertig war, und verbeugte sich. „Kommen wir nun also zum zweiten Video! Das Video von Ein-Like-Ralfi! So heißt bald auch dein Kanal, ahahahahaha! Mal sehen, was du uns diesmal Lahmes mitgebracht hast!"

Was sollte ich schon machen, sie würden es ja eh gleich sehen: „Ich habe nichts ge-", begann ich, aber Momo hielt mir den Mund zu und trat mir mit Absicht auf den Fuß. Aua.

„Was?!", rief Julian.

„Er sagte, er hat nichts dagegen, wenn wir jetzt anfangen!", rief Momo zurück und drückte dabei immer noch seinen Fuß schmerzhaft auf meinen Zeh, sodass ich nichts sagen konnte.

Was war denn jetzt los?

Und als dann mein eigentlich leerer Kanal aufgerufen wurde, da war da plötzlich doch ein Video: 10 GUTE AUSREDEN, UM NICHT ZUR SCHULE GEHEN ZU MÜSSEN.

Ich verstand gar nichts mehr.

Start. Momos Stimme war vor einem schwarzen Bild zu hören:

„Moin, ich bin Momo. Ihr wundert euch vielleicht, warum ihr hier nicht Ralf hört, aber was soll ich sagen Leute? Ein RICHTIGER BOSS lässt auch einfach mal seine Mitarbeiter für sich sprechen."

Ein Lachen ging durch die Menge. Ich war immer noch viel zu verdattert, um zu reagieren.

„Also", sprach der Momo in dem Video weiter. „Viel Spaß mit RalfTube und 10 gute Ausreden, um nicht zur Schule gehen zu müssen."

Und dann ging es los. Momo las einzeln meine Liste mit den zehn Ausreden vor, die ich am Freitag aufgeschrieben und dann doch nicht gebraucht hatte.

Und zu jeder einzelnen Ausrede waren so witzige Internet-Memes wie eine brüllende Ziege oder lustige Tänzer oder verrückte Motorradstunts zu sehen. Sogar Herr Zhū tauchte aus irgendeinem Grund für ein paar Sekunden auf und redete in die Kamera. Ich kann euch nicht mal sagen, was, ich war so weg vom Fenster. Auf jeden Fall war das Video so zusammengeschnitten, dass die Ausreden total gut zu den Memes passten und irgendwie war es ... ja, echt lustig. Es war jetzt nicht die Neuerfindung des Internets, aber wie auch immer meine Leute das hinbekommen hatten – es funktionierte!

Jedenfalls lachten meine Mitschülerinnen und Mitschüler immer wieder und ich konnte das nicht fassen. Ich konnte das noch nicht mal fassen, als das Video zu Ende war und alle applaudierten und Momo neben mir meinte: „So, dann gehen wir mal zur Abstimmung über!"

Ich stand einfach nur da, während die Leute um mich herum ihre Zettel zur Wahlbox brachten, und Enrico mir erzählte, wie es hierzu kommen konnte.

Es war gut, dass er das machte, weil Enrico doppelt so schnell reden kann wie jeder andere Mensch, den ich kenne:

Anscheinend hatte Momo gar kein Bruder-Schwester-Wochenende mit Nesrin gehabt. Nachdem ich aus der

Tür war, hatte er sofort Birgit und Enrico geschrieben und die drei hatten sich zusammengesetzt, um mir den Hintern zu retten. Während ich am Samstagmorgen noch schlief wie ein Relaxo, war Momo bei meinen Eltern vorbeigekommen, um ein paar von unseren alten Notizen zu zocken, und hatte meinen Ausreden-Zettel gefunden.

Jetzt kamen Birgit und Enrico ins Spiel. Enrico kennt nämlich anscheinend jedes einzelne Meme auf Youtube auswendig und Birgit kann gut schneiden und Momo hat dann den Text aufgesprochen und so wurde da das Video draus.

Ich war echt froh, dass ich gestern sozusagen schon **vorgeheult** hatte. Denn als ich das hörte, da stieg es mir echt schon wieder in die Augen. Aber ich riss mich natürlich zusammen.

Die Auszählung begann. Und Leute, kein Spaß: Ich habe mit einer Stimme gewonnen.

Julian brüllte irgendetwas von Betrug, aber den beachtete keiner mehr. Um mich herum sprangen Enrico und Momo in die Luft und jubelten und irgendwie jubelten auch noch ganz schön viele andere Leute, mit denen ich sonst gar nichts zu tun hatte. Einige fingen sogar einen Sprechchor mit „I like Ralfi! I like Ralfi!" an.

Aber ich blieb wie eingefroren und konnte es immer noch gar nicht fassen. In meinem Kopf überlegte ich mir,

wie ich mich bei meinem Team bedanken würde, wenn ich irgendwann einen Youtube-Oscar gewinne. Ich danke:
- Momo, weil er mein bester Kumpel ist und immer zu mir gehalten hat!
- Doris und Alica, weil sie die besten verplanten Medienexpertinnen sind, die ich kenne!
- Claudia, weil sich mit der gar keiner anlegt!
- Nesrin und Oma, weil sie absolut geile Hechte sind!
- Enrico, weil er mir nicht böse war!
- Meinen Eltern, weil sie mir Birgit auf den Hals gehetzt haben!
- Birgit, weil bei ihr noch kein Kunde einen Termin verpasst hat!
- Momo, weil er mein bester Kumpel ist und immer zu mir gehalten hat! Ich erspare euch jetzt einfach, das noch zehn Mal zu wiederholen!
- Mia, weil ich für dich überhaupt erst meinen MASTERPLAN! entworfen habe!

Dann verwarf ich die Liste in meinem Kopf aber schnell wieder. Weil ich erst mal auch gar keinen Youtube-Oscar und keinen Weltruhm brauchte, sondern eigentlich nur mit Mia reden wollte. Ich nahm einfach meinen ganzen Mut zusammen und ging zu ihr hin.

„Na", sagte ich. Über mehr hatte ich mir noch keine Gedanken gemacht.

„Na", sagte sie.

Wir schwiegen.

„Ich habe für dich gestimmt", sagte Mia dann. „War echt cool das Video."

„Danke", meinte ich. „Nach dem letzten Video mit dem Origami dachtest du eeecht, ich bin voll der komische Vogel, oder?"

„Eigentlich nicht", meinte Mia nur und zuckte mit den Schultern. „Ich war nur ganz schön verwirrt, weil wir uns ja immer über die Handarbeits-Sache lustig gemacht haben und dann machst du das und da dachte ich – hä, hat der mich verarscht?"

„Aaaaah", machte ich da, als wäre ich Momo und hätte gerade die Mathehausaufgaben verstanden.

„Außerdem bist du ja auch ein komischer Vogel", sagte Mia hinterher und grinste. „Warum hast du das denn gemacht?"

„Na ja, also ... na ja, es ist so ...", druckste ich rum. Aber dann dachte ich mir, ach was soll's: „Ich find dich vielleicht ganz gut."

„Ich finde dich vielleicht auch nicht soo doof", antwortete Mia und senkte ein bisschen verlegen den Blick.

„WRKNO!", sagte ich. Mia hob den Kopf wieder und schaute mich verwirrt an.

Eigentlich hatte ich „Wir können ja mal ins Kino gehen" sagen wollen, aber mein Herz schlug noch so doll vom Satz, den ich davor gesagt hatte, und dann gleich noch so einer, das war zu viel. Also war WRKNO alles, was ich schaffte.

Ich fands aber nicht schlimm. HRMJA hatte mich am Ende auch nicht aufgehalten und Mia schlug dann vor, ob wir uns jetzt beim Filmabend nebeneinandersetzen wollten. Das wollten wir natürlich!

Auf der Leinwand wurde ein Zombie-Film mit dem Titel Resident Evil gezeigt. Lars hatte gesagt, der Film heiße President Evi und es gehe um eine Amerikanerin, die als erste Frau Präsidentin von den USA wird. Diesmal hatte Frau Luchs wohl nicht so gut aufgepasst.

Das mit den Zombies nervte mich natürlich, die finde ich immer noch eklig. Aber es war diesmal nicht ganz so schlimm, weil Mia sich einmal erschreckte und kurz nach meiner Hand griff.

Und da war es doch in Ordnung, dass ich es nur bis WRKNO geschafft hatte. Hiermit konnte man doch echt zufrieden sein.

Ich war auf jeden Fall sehr, sehr, sehr zufrieden. Es ist ja so: Jede Legende fängt mal klein an.

ENDE.

Danksagung.

Endloser Dank geht an all die geilen Hechte in meinem Leben – danke, dass es euch gibt! Namentlich möchte ich hier diejenigen nennen, die aktiv an der Entstehung von RalfTube beteiligt waren. Ich danke

- Imke Ahrens, Katrin Weller und Cristina Bernardi dafür, dass sie dieses Projekt möglich gemacht haben.
- Meinem Alumni-Jahrgang der Akademie für Kindermedien für kleine und große Impulse auf kreativer und nicht kreativer Ebene: Juliane A. Ahrens, Inga von Staden, Esther Kuhn (und ihrem Sohn Leander), Marc Anton Jahn, Genia Krassnig, Lukas Pilz, Katharina Lang, Duc-Thi Bui, Manuel Ostwald, Ruth Rahlff, Florian Schnell, sowie im Mentoren- und Managementteam Alison Norrington, Carolin Seidl, Marion Perko, Marianne Nagel, Heiko Martens, Theresia Dittrich, Margret Albers, Thomas Hailer und Erek Kühn.
- Stefanie Wegner und Timo Müller-Wegner dafür, dass sie Ralf so wunderbar illustriert haben.
- Pia Schmikl für ein großartiges Lektorat! Danke!

Ich küsse eure Buchdeckel.

SILAS